하나님의
위대한
초대

쉽고 재미있게 풀어놓은 기독교 신앙 교리

하나님의 위대한 초대

정병태

성숙한 신앙생활을 위한 길잡이

그분을 생각하면 가슴이 뛰고 설렌다 (사 61:10)

한덤북스

Because I met God,
I can say with certainly that God exists.
하나님을 제가 만났기에 분명히 말씀드릴 수 있습니다.

이 세상에서 믿음을 발견하는 것은
가장 흥미진진한 모험입니다

이사야 61:10

야훼를 생각하면 나의 마음은 기쁘다 나의 하느님 생각만 하면 가슴이 뛴다
그는 구원의 빛나는 옷을 나에게 입혀주셨고 정의가 펄럭이는 겉옷을 둘러주셨다
신랑처럼 빛나는 관을 씌워주셨고 신부처럼 패물을 달아주셨다 (공동번역)

* 괄호(　)에 성경 표기가 없는 것은 개역개정 성경을 기준했다.

요한복음 14:6

내가 곧 길이요 진리요 생명이니 나로 말미암지 않고는 아버지께로 올 자가 없느니라

인간은 진리와 행복의 길을 찾기 위해 많은 노력을 기울입니다. 그 먼 길을 여행하면서 길을 정확하게 알고 있는 사람의 도움이 필요합니다. 그런데 그 길은 사람들이 생각하는 것처럼 가볍지 않습니다. 실제로 자신의 운명과 밀접히 관계되어 있습니다. 가보지 않은 그 길을 잘 모르는 사람에게는 먼저 그 길을 가고 있는 사람의 도움이 절대적으로 필요합니다.

그래서 저는 이 기독교 진리서를 공부하도록 여러분을 초대합니다. 이 진리서를 통해 여러분은 새로운 삶을 살게 될 것입니다. 이 신앙생활 공부에 여러분의 소중한 시간을 쓰십시오.

"부지런하여 게으르지 말고 열심을 품고 주를 섬기라"(롬 12:11)

이 세상에서 가장 귀하고 소중한 여러분과 소통하게 해주신 하나님 아버지께 감사와 영광을 돌립니다. 절망과 고뇌 속에서도 희망을 간직하게 되는 이유는 바로 하나님의 사랑 때문입니다. 이사야 예언자는 하나님을 생각하면 가슴이 뛰고, 가슴이 설렌다고 말했습니다.(사 61:10) 희망의 신앙생활이란 바로 구세주이신 예수 그리스도를 나의 구주로 선언하는 것입니다.

이 시간, 사랑하는 여러분들을 만나게 된 것은 그 무엇보다 가장 값진 선물이라고 생각합니다.

이 책은 신앙생활을 처음 시작하거나 냉랭한 신앙인들을 도와드리기 위해 마련된 위대한 행복 프로젝트입니다. 이 신앙생활 나눔을 거치면 희망으로 이끄시는 하나님을 만나게 될 것입니다.

아무쪼록 이 기독교 진리서를 통해서 하나님의 은혜가 충만하시기를 기도합니다.

다시 한 번 소중한 여러분들을 만나게 해주신 하나님께 감사를 드립니다. 주 안에서 감격하며 사랑합니다.

이 책은 당신의 순종을 전제로 당신의 인생을 축복의 길로 안내해 줄 것입니다.

여러분 모두를 위해 기도하겠습니다. 아멘.

_메타선교대학원 **정병태 선교사(Ph.D)**

마음을 훔친 세기의 그림

〈밧세바〉, 장레옹 제롬, 1889년, 캔버스에 유채, 100x61cm, 개인소장[1]

하나님께서 우리 모두를 사랑하십니다. 그러므로 우린 모두가 서로 사랑하고 살아야 합니다. 오늘도 그 하나님을 생각하면 가슴이 뛰고 셀렙니다.

---

1) 이미지 출처 : 구글(https://t1.daumcdn.net/cfile/tistory/990D0A3C5BAEAA130D)

구약 성경을 통틀어 최대의 스캔들이어서 그런지 후대의 많은 화가들이 다윗과 밧세바의 이야기를 화폭에 담았습니다. 그런데 한 가지 이채로운 것은 대부분의 작품들이 스캔들의 주인공인 다윗보다는 '밧세바'에 주목하고 있다는 사실입니다. 특히 프랑스 화가 장레옹 제롬(1824-1904)은 한 여인이 옥상에서 황홀한 알몸을 드러내놓고 목욕을 하고 있는 그림을 그렸습니다. 다윗 왕은 궁궐 옥상에서 목욕을 하고 있는 그 여인의 아름다움에 한눈에 반했습니다.

생각하기는 당시 이스라엘의 주택은 지붕으로 덮여있어 옥상이 없는 구조였을 것입니다. 화가 제롬은 밧세바를 좀 더 매혹적으로 과장되게 묘사한 것으로 보입니다. 구약 시대의 율법에 의하면 여인들은 생리가 끝나면 몸이 부정하게 되었다고 하여 정결례精潔禮로 몸을 씻었습니다.(레 12:2)

이 기독교 진리서를 마칠 때쯤 모두가 복음에 매료되는 축복이 임할 것입니다. 그래서 하나님을 생각하면 가슴이 뛰고 설레는 삶(사 61:10)을 누리게 될 것입니다.

- CONTENTS -

5부 위대한 초대 – 하나님의 선물 '구원'

6부 위대한 초대 – 하나님을 움직이는 생떼기도

7부 위대한 초대 – 그리스도인의 행실과 헌신

1부

위대한 초대

− 내게 다가오신
레마(말씀)

〈성스러운 그리스도의 얼굴〉, 조르주 루오, 1939년, 유화,
31.3x44.7cm, 리옹현대미술관, 프랑스 론

성직자가 되고 싶었던 화가로서 색의 연금술사로 불리는 조르주 루오_{Georges-Henri Rouault, 1871-1958}는 프랑스의 화가이자 판화가이다. 그는 마티스, 피카소와 함께 20세기 전반을 대표하는 화가로 형태와 색채의 하모니를 그렸다. 루오는 한평생 인간의 구원에 관심을 지니고 작품 활동을 했다.

루오는 프랑스 파리 출생으로 가난한 집안 형편 때문에 14세 때부터 공예 미술학교 야간부에 다니면서 주간에는 스테인드글라스 업자의 견습공으로 일했다. 그는 성경을 주제로 한 그림을 그렸지만 경제와 건강 등의 문제로 고난을 받으면서 정신적으로 더욱 종교에 의지하게 된다.

종교화가 루오는 무엇을 그리든 십자가에 달려 죽기까지 복종하신 예수 그리스도가 그의 영원한 모티브가 되었다. 십자가에 달린 예수의 그림을 통해 구원과 하나님 나라의 메시지를 전했다.

예수를 그린 화가가 많았지만 유독 루오에게 현대인들의 시선이 꽂히는 이유는, 그가 영광의 예수가 아닌 우리의 죄를 대신해서 십자가를 지신 고난의 예수를 그림으로써 수많은 이들에게 위로와 희망을 전했다는 데 있을 것이다.

"하나님의 아들 예수 그리스도의 복음의 시작이라" (막 1:1)

Chapter 1_ '레마'로 만나주시는 주님

잠언 8:17

나를 사랑하는 자들이 나의 사랑을 입으며

나를 간절히 찾는 자가 나를 만날 것이니라

로마의 지하묘지에 그려진 벽화에서부터 성당 및 왕족과 귀족, 부호들의 저택에 있는 그림에 이르기까지 예수 그리스도는 세계적으로 위대한 화가들의 영감으로 표현되었습니다. 그 예수님의 얼굴을 그린 화가들은 대표적으로 루벤스, 다빈치, 라파엘, 티티안, 미켈란젤로, 워런 샐만, 홀만 헌트, 조루즈 루오 등이 있으며, 이 중에서도 '조루즈 루오'가 그린 예수님의 얼굴 작품은 매우 유명합니다.

그러나 내가 천국에 들어가면 보게 될 예수님의 얼굴은 화가들이 그

〈그리스도의 얼굴〉, 조르주 루오, 1937년, 클리블랜드 미술관

린 그림과 같은 것이라고 기대하지는 않습니다. 그렇다면 하나님의 아들이신 예수 그리스도는 정말로 어떤 모습일까요?

예수께서 어떻게 생기셨는지 알기를 원한다면 성경 복음서를 펼쳐서 예수님의 생애를 읽으시면 분명 예수님의 얼굴이 당신의 마음속에

떠오를 것입니다. 어쩌면 이미 내 마음 안에 들어와 계심을, 떠오르는 그 모습이 진짜 예수님의 얼굴일 수 있습니다.

이제 여러분도 하나님의 아들이신 예수님의 얼굴을 그릴 수 있습니다. 참으로 가슴뭉클한 순간입니다. 내 마음 속에 떠오른 그분이 바로 영원한 구원자 이십니다. 이 순간에도 함께해 주시며 앞으로 내 생애를 인도해 주실 분이십니다. 그리고 지금 이곳에 나와 함께 계십니다.

마태복음 1:23
…임마누엘은… '하나님이 우리와 함께 계시다' (새번역)

레마Rhema, ῥῆμα로 만나주시는 주님

세계에서 가장 영향력 있는 민족은 어딜까요?

그들은 세계 인구 0.2%를 차지하는 민족으로 노벨 경제학상의 42%, 억만장자의 32%를 차지했으며, 현대사회에서도 영향을 미치지 않는 분야가 없을 정도입니다. 세계에서 가장 창의적인 민족으로도 불립니다.

모두 짐작하셨겠지만 바로 유대인 민족입니다. 그들의 창의성과 특별함은 하나님이 개개인마다 남과 다른 독특한 재능(달란트, Talent)을 주셨다고 믿기 때문입니다. 이런 위대하고 우수한 민족을 만들어 낸 것이 바로 하나님의 말씀을 따른 결과입니다. 유대인들은 하나님의 말씀을 단순히 보편적인 로고스logos보다는 나 개인에게 주시는 특별한 말씀(레마)으로 받아들여 매일 말씀을 읽고 묵상하여 신실한 하나님을 만나고 있습니다.

살아계신 하나님은 로고스와 레마 말씀으로 다가와주십니다. 헬라어 말씀 '로고스'는 보편적이며 일반적인 '지혜, 말씀, 진리' 등 모두를 포함하는 개념입니다. "태초에 말씀이 계시니라 이 말씀이 하나님과 함께 계셨으니 이 말씀은 곧 하나님이시니라"(요 1:1) "하나님이 세상을 이처럼 사랑하사 독생자를 주셨으니 이는 그를 믿는 자마다 멸망하지 않고 영생을 얻게 하려 하심이라"(요 3:16)

반면 말씀 '레마'는 특별히 나를 위한 개인적 메시지(부르심)로 오셔서 만나주시는 특정한 시간과 상황에 맞춰 주시는 말씀입니다. 어느 경우는 성경 속 말씀을 주시기도 하는데 그럴 때는 성경 구절이 현재 상황에 딱 맞는 필요한 말씀으로 주십니다. 때론 생생한 음성으로 들려주시기도 하십니다. 그러므로 말씀 '레마'는 하나님의 말씀 그 자체입니다. "사람이 떡으로만 살 것이 아니요 하나님의 입으로부터 나오는 모든 말씀으로 살 것이라"(마 4:4)

성경에 보면 하나님의 말씀을 '레마'로 받았던 사람들이 바로 아브라함, 야곱, 모세, 요셉, 욥, 예수님의 12제자들, 그리고 사도바울 등의 인물들입니다. 특히 예수님의 제자 베드로는 "…말씀에 의지하여 내가 그물을 내리리이다"(눅 5:5)라고 했습니다. 그 결과는 "그렇게 하니 고기를 잡은 것이 심히 많아 그물이 찢어지는지라"(눅 5:6). 베드로에게 '레마'는 그 현장에서 곧바로 기적의 역사로 나타났던 것입니다.

이 시간 우리에게도 특별히 나를 위한 '레마'의 말씀을 주십니다. 살아계신 주님을 만나는 깊은 은혜를 누리게 되시기를 기도합니다.

레마의 행위

여호수아가 여리고에 가까이 이르렀을 때, 하나님의 군대 대장이 여호수아 앞에 섰습니다. 여호수아는 즉시 그 앞에 엎드렸습니다.

"주여, 저에게 말씀하십시오."

하나님의 군대 대장이 여호수아에게 말하였습니다.

"네가 선 곳은 거룩한 곳이니, 신발을 벗으라."

여기서 '신발'은 레마의 '행위'로 우리의 행위를 결정하며 주권을 상징합니다. 그 행위의 권리와 주권을 하나님 앞에 내려놓으라는 것입니다. 여호수아는 즉시 신발을 벗어 모든 권한과 주권을 하나님께 드립니다. 그는 신실한 순종의 사람임을 알 수 있습니다. 하나님께서 여호수아 마음을 감동시켜 주시어 신발을 벗게 하신 행위의 표시가 바로 '레마'의 말씀이었습니다.

여호수아 5:13-15

여호수아가 여리고 근처에 있었을 때, 눈을 들어 보니 어떤 사람이 자기 앞에 칼을 들고 서 있는 것이 보였습니다 여호수아는 그에게 다가가 "당신은 우리 편이요, 아니면 적의 편이요?"라고 물었습니다

그 사람은 "나는 누구의 편도 아니다 나는 여호와의 군대 사령관으로 왔다"고 대답했습니다 그러자 여호수아는 땅에 엎드려, 그에게 물었습니다 "주의 종인 저에게 하실 말씀이 무엇입니까?"

여호와의 군대 사령관은 "너의 신을 벗어라 네가 서 있는 곳은 거룩한 곳이다"라고 말했습니다 여호수아는 그의 말대로 했습니다 (쉬운성경)

혹시 우리도 지금 주변의 사람들에게 누가 되는 행위를 드러내고 있다면 단호히 신발을 벗어버리는 거룩함의 레마의 행위가 필요합니다. 그때 하나님께서 '레마'의 말씀으로 우리와 함께해 주실 것입니다.

Chapter 2 _ 하나님의 현존하심

역대상 29:11

여호와여 위대하심과 권능과 영광과 승리와 위엄이 다 주께 속하였사오니 천지에 있는 것이 다 주의 것이로소이다 여호와여 주권도 주께 속하였사오니 주는 높으사 만물의 머리이심이니이다

우리는 결코 우연의 산물이 아닙니다. 이 세상은 우연히 아니라 하나님께로부터 비롯되었습니다.(계 4:11) 하나님은 삼라만상의 왕이시며 그 지위는 절대적이고 전지전능하신 지존자이십니다. 그리고 제한이 없으신 분이시며 우주의 창조주이십니다. 천지창조는 하나님의 작품이십니다. 시간과 공간을 초월해 계신 하나님만이 무無에서 이 세상을 창조하셨습니다. 이제 삼라만상을 보고도 하나님이 존재하심을 믿고 그

분께 의존할 수 있어야 합니다. 놀라운 것은 우리가 그런 분의 택함받은 자녀라는 사실입니다. 그러나 사람들은 자신의 눈에 보이지 않는다고 해서 제멋대로 하나님을 논(論)하고 판단하며 없음을 마음대로 재단합니다. 사실 하나님은 사람의 눈으로 볼 수도 만질 수도 없고, 그분의 위엄은 생각해 낼 수도 없습니다. 그렇다고 과학자들의 실험으로도 발견할 수 있는 그런 분이 아니십니다. 절대로 인간의 지식과 이성으로는 그분을 현존해보일 수 없습니다.

호세아 선지자는 사람들이 하나님을 아는 지식을 버렸다고 말합니다. 〈호세아 4장 6절〉 말씀입니다.

"내 백성이 지식이 없으므로 망하는도다 네가 지식을 버렸으니 나도 너를 버려 내 제사장이 되지 못하게 할 것이요 네가 네 하나님의 율법을 잊었으니 나도 네 자녀들을 잊어버리리라"

시편 기자도 〈14편 1절〉에서 같은 의미로 다음의 말씀을 주셨습니다.

"어리석은 자는 그의 마음에 이르기를 하나님이 없다 하는도다 그들은 부패하고 그 행실이 가증하니 선을 행하는 자가 없도다"

다시 말하지만 하나님은 사람의 얄팍한 지식이나 이성, 그리고 짧은 생각으로 판단할 수 있는 분이 아닙니다. 그러니 하나님의 현존하심을 그리 쉽게 없음을 재단하면 안 된다고 봅니다. 흔히 주변 사람들에게 예수님을 믿고 우리 함께 신앙생활을 하자고 권면하면 가장 많이 대응하는 말들이 있습니다. 보통은 이렇게 핑계를 대거나 신앙생활에 대한 거부의 말을 합니다.

"목사님은 좋은데 교인들이 싫어서요."

"교회는 좋은데 거리가 멀어서요."

"생활이 조금 나아지면 그때 나갈게요."

"아직 믿음이 뭔지 몰라서, 나중에 갈게요."

"하나님은 어디에나 계시니까, 내가 알아서 할게요."

"꼭 하나님만 믿어야 되나요?"

"다른 종교를 갖고 있어서요."

"일요일(주일)에 일(모임)을 해서요."

"뭐 나쁜 짓 안 하고 착하게만 살면 되는 것 아닌가요?"

분명 확신을 갖고 말하건대 하나님의 부르심에 절대적 순응하는 문제는, 인생의 완전한 해답이자 영원한 축복을 결정짓는 가장 중요한 문제입니다. 하나님께서 특별히 '나' 개인에게 복을 주시기 위한 부르심에 응답하는 것이 진리의 정답입니다. 그리고 하는 일마다 복되게 하십니다.(시 1:3) 그 이유인즉 하나님은 믿는 자녀들에게 복주시기를 즐겨하시는 분이시기 때문입니다. 하나님이 인간을 창조하신 이유 역시 우리가 선물로 받은 구원을 통해 얻게 되는 **"새 하늘과 새 땅"**(사 65:17)입니다.

지금 결단하여 늘 하나님 가까이에 머물러 있기를 바랍니다.

시편 1:1-3

복 있는 사람은 악인들의 꾀를 따르지 아니하며 죄인들의 길에 서지
아니하며 오만한 자들의 자리에 앉지 아니하고
오직 여호와의 율법을 즐거워하여 그의 율법을 주야로 묵상하는도다
그는 시냇가에 심은 나무가 철을 따라 열매를 맺으며 그 잎사귀가 마
르지 아니함 같으니 그가 하는 모든 일이 다 형통하리로다

오늘도 하나님이 계신 편에 서십시오

미국 남북 전쟁이 한참 막바지에 치닫고 있을 때, 많은 젊은이들이
전장에서 무참히 죽어 가고 있었습니다. 양측의 운명이 걸린 대전투를
앞둔 밤, 대통령 링컨은 깊은 번민에 빠졌습니다. 그 모습을 본 참모들
이 링컨에게 이렇게 위로했습니다.

"각하, 염려 마십시오. 하나님이 우리 편에 계십니다."

그러자 링컨은 이렇게 말했습니다.

"그것은 적군도 그렇게 생각할 거야, 중요한 것은 과연 우리가 하나
님 편에 서 있느냐 하는 것이지."

인간은 영원히 살 수 없다는 것. 그래서 반드시 인생의 끝이 온다는
것. 이 한계를 아는 사람이 참으로 지혜로운 사람이 되는 첫 단계입니

다. 그래서 사람은 절대자 하나님께 의지하고 찾는 것은 당연한 것이며 본능적으로 하나님을 찾는 존재입니다.

〈여호수아 1장 6절〉 "마음을 굳게 먹고 용기를 가져라" (현대인)라는 말씀은 영어 성경 "Be strong and courageous" (NIV)로 쓰여있습니다. 공동번역에 보니 "힘을 내고 용기를 가져라" 7절에는 "용기 백배, 있는 힘을 다 내어라"라고 번역되어 있습니다.

우리는 담대히 온 힘을 다해 하나님을 갈망하고 그분을 찾는 사람이 되어야 합니다. 그래야 하나님께서 내 편에 계실 수 있습니다.

오늘 우리에게 주님은 말씀하십니다. (수 1:5-9)
"강하고 담대하라, 내가 너와 함께 할 것이다"
그러면서 다시 말씀하십니다.
"나는 틀림없이 네 편에 서줄 것이다 그런데 그러기 위해서는 너도 내 편에 확실히 서 있어야 한다"

＊실천과제＊ 〈여호수아 1:5-9〉 말씀 읽고 필사하기

_____

_____

_____

Chapter 3_ 다시 나를 부르시는 이유

창세기 5:2

하나님은 그들을 남자와 여자로 창조하셨다 그들을 창조하시던 날에,
하나님은 그들에게 복을 주시고, 그들의 이름을 '사람'이라고 하셨다
(표준새번역)

오래 전에 미국의 저명한 법률가요 문학가이며 다재다능한 인재로서
뉴멕시코 주지사를 지내기도 했던 루 웰리스Lew Wallace라는 사람이 있
었습니다. 그는 예수를 믿고 잘못된 기독교 신앙 굴레 안에 갇혀 있는
사람들을 일깨우고자 글을 쓰고자 했습니다. 웰리스는 말하기를 "성경
은 허구이다!", "예수는 하나님의 아들이 아니다!", "모두 다 허구이다!"
라며 하나님의 존재를 부정했습니다. 그래서 이 사실을 연구하여 세상

을 발칵 뒤집어 놓을 생각으로 성경을 2년 동안 깊이 연구하였습니다. 지속적인 조사와 연구를 하던 중 하나님의 존재와 성경의 완전성과 정확성을 발견했습니다. 목차의 제2장을 쓰다가 무릎을 꿇고 예수님께 "나의 주, 나의 하나님" 하며 크게 울부짖었습니다.

결국 웰리스는 예수 그리스도를 구주이심을 믿고 영접하게 되었습니다. 그리고 그가 쓴 책이 바로 그 유명한 작품 〈벤허Ben-hur〉입니다.

진정으로 예수 그리스도를 만난 사람들은 삶의 목표가 바뀝니다. 그리고 예수님을 전하는 것이 인생의 목적이 됩니다.

사실 하나님이 먼저 나와 우리를 택하여 부르셨고 그다음은 우리가 택해주신 하나님께 나오기를 기다리고 계십니다. 그러므로 하나님은 지금도 나를 찾으시며 부르고 계십니다. 그 이유는, 우리와 함께해 주시기 위함입니다.

구약 말씀에 보면 기원전 1800년경 하나님께서 먼저 아브라함을 찾아와서는, 너에게 복을 줄 테니 이리 오라고 부르셨습니다. 하나님이 인간을 창조하시고는 우리를 부르신 이유가 여기에 있습니다. 하나님께서 사람을 창조하시던 그날 즉시 복을 주셨습니다.(창 5:1-2)

성경 말씀을 보면 아브라함의 이야기는 매우 극적으로 시작됩니다. 그의 나이 75세였고, 자식 하나 없는 노인을 하나님께서 갑자기 부르십니다. 〈창세기 12장 1-2절〉 말씀을 읽어봅시다.

"여호와께서 아브람에게 이르시되 너는 너의 고향과 친척과 아버지의 집을 떠나 내가 네게 보여 줄 땅으로 가라, 내가 너로 큰 민족을 이루고 네게 복을 주어 네 이름을 창대하게 하리니 너는 복이 될지라"

아브라함은 하나님의 난데없는 부르심에 응답하고는 곧바로 순종하였습니다. 결국 아브라함을 모든 민족들의 믿음의 조상으로 세우셨고, 복의 근원이 되었습니다.

〈창세기 12장 1-2절〉 말씀에서 "내가"는 누구를 말하는 것입니까? 바로 '하나님' 자신을 말하는 것입니다. 다시 말해서 인생사와 복의 주도권을 하나님이 아브라함인 인간에게 주시고 계심을 발견할 수 있습니다. 그리고는 아브라함을 복의 근원으로 삼으셨습니다.

여기서 우리는 하나님으로부터 **일방적 복을 주시는 공식과 복을 받는 원리**를 배울 수 있습니다.

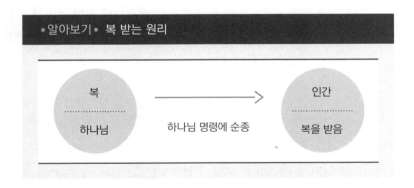

알아보기 복 받는 원리

복
하나님

→ 하나님 명령에 순종

인간
복을 받음

우리가 '복'을 받기 원한다면 지금의 자리를 박차고 일어나 하나님의 부르심에 응해야 합니다. 하나님은 아브라함에게 먼저 지금의 상황에서 "떠나라", "가라"고 하셨습니다. 아브라함은 하나님의 명령에 곧바로 순종하였고 이행했습니다. 가보지 않은 길을 향해 떠날 수 있는 믿음이 바로 그분을 향한 순종이었습니다. 순전한 믿음은 검증 없이 가보지 않고 행하는 결단입니다.

그러한 순종은 복을 주시기 위함입니다. 광야에서 양 치던 목자 모세에게 하나님은 친히 나타나서 불붙은 떨기나무를 보고 있을 때 "모세야! 모세야!" 하고 불렀습니다.(출 3:4) 그는 하나님의 부르심을 듣고는 마침내 430년간 이집트에서 종살이하던 이스라엘 민족 약 200백만 명을 구출하였고 그들을 축복의 가나안 땅으로 인도하는 대업을 이뤘습니다.

출애굽기 3:4

여호와께서 그가 보려고 돌이켜 오는 것을 보신지라 하나님이 떨기나무 가운데서 그를 불러 이르시되 모세야 모세야 하시매 그가 이르되 내가 여기 있나이다

이윽고 하나님께서는 기원전 550년경 이스라엘이 바빌론 나라에 끌려가 온갖 고생을 하던 시련의 시기에 '하나님은 구원이시다'라는 이름을 가진 이사야 예언자를 통하여 모든 이들을 **"구원의 잔치"**에 초대

하셨습니다.(사 55:1)

이사야 55:1

오호라 너희 모든 목마른 자들아 물로 나아오라 돈 없는 자도 오라 너희는 와서 사 먹되 돈 없이, 값 없이 와서 포도주와 젖을 사라

하나님께서 모세와 이사야에게 주신 말씀은 참으로 우리를 향한 위대한 부르심이십니다. 하나님은 우리를 위하여 축복 파티를 준비해 놓으시고 "돈 없이", "값 없이" 와서 마음껏 먹으라고 초대하십니다. 그런데 사람들은 핑계를 대거나 이유를 만들어 그 부르심에 거부하고 있습니다. 그냥 손을 내밀어 주신 선물을 받기만 하면 되는데 말입니다. 위대한 초대에 응하는 자들에게는 누구든지 하나님께 나아가 하늘나라 자녀가 되는 특권이 주어집니다.

마태복음 5:18

진실로 너희에게 이르노니 천지가 없어지기 전에는 율법의 일점 일획도 결코 없어지지 아니하고 다 이루리라

Chapter 4_ 하나님의 걸작품

창세기 1:1

태초에 하나님이 천지를 창조하시니라

In the beginning God created the heavens and the earth

성경 첫 번째 장 첫머리 〈창세기 1장 1절〉 말씀을 나의 창조주이심으로 믿느냐 아니냐에 따라 인생의 과정과 결과는 판이하게 달라집니다. 앞에서도 강조했지만 하나님은 인간의 이성으로는 판단할 수 없는 신비로운 창조주이십니다. 따라서 하나님의 말씀을 믿는 순종이 위대한 선택입니다.

세상 만물을 보면 하나님의 존재하심을 쉽게 알 수 있습니다. 천지만물이 저절로 생겼으며 우주는 저절로 움직인다고 생각한다면 참으로 어리석은 사람입니다. 이 세상에는 저절로 생기는 것은 그 아무것도 없습니다. 혹 내 팔에 손목시계가 있고 스마트폰을 가지고 있을 때는, 분명 누군가 그것들을 만든 사람이 있다는 것입니다. 또한 예쁜 집이 있을 때는 반드시 그 집을 지은 이가 있듯이, 우주 만물도 지은 자가 있는데 그분이 바로 하나님이십니다.

우주천지가 얼마나 거대한지? 이 우주가 얼마나 광활한지 측량할 수 있는 사람이 있을까요? 그는 오직 하나님 한 분뿐이십니다. 그러므로 세상의 모든 것이 다 하나님께로부터 비롯되며 주권도 그분께 있습니다. 잠깐 고개를 들어 저~ 웅장한 대 우주를, 자연의 아름다운 꽃들, 각종 열매 맺는 나무들, 창공을 날으는 새들, 흐르는 물, 그리고 그 물속에 사는 고기들, 산천초목, 삼라만상 등 자연의 모든 이치와 조화는 영원부터 계신 하나님의 솜씨임을 우리에게 말해 주고 있는 것입니다.(요 1:3) 그러므로 하나님은 무無에서 유有를 창조하신 창조자이시며(창 1:1) 만물의 주인이시며 주권자이십니다.(대상 29:11)

요한복음 1:3

만물이 그로 말미암아 지은 바 되었으니 지은 것이 하나도 그가 없이는 된 것이 없느니라

우주의 질서를 보라

이 우주 공간에는 2천억 개의 별군으로 되어 있는 은하계가 1천억 개가 있다고 합니다. 그리고 가장 먼 별은 2백억 광년 거리에 있는 별이라고 합니다. 태양과 지구 사이의 거리는 1억 5천만km, 지구와 달의 거리는 38만 4천km입니다. 지구는 태양을 중심으로 시속 1,660km로 자전, 시속 10만 8천km로 공전하며 우주를 항해합니다. 달은 240만 km의 궤도를 시속 3,600km의 속도로 달리며 반원형을 그리며 28일 만에 한 번씩 돕니다.

태양도 가만히 있는 것이 아닙니다. 태양은 자기에게 속한 9개의 유성과 함께 매초 17.7km의 속도로 우주 공간을 달리고 있습니다. 우주의 별은 "셀 수 없다"고 합니다.(렘 33:22) 지구의 축은 23.5도로 기울어져 있어, 남·북극 빙산을 번갈아 적당히 녹이고 절기를 이룹니다.

이 모든 우주의 작동과 역사의 운영은 바로 창조주 하나님의 작품임을 깨닫기를 바랍니다. 세상은 창조주 없이 저절로 창조되었다고 생각한다면 그것은 큰 착오입니다. 여전히 세상 무엇을 보고 관찰하든 결국 하나님의 존재와 주권을 부정할 수 없습니다. 모든 역사는 하나님의 계획에 따라 운명적으로 지정된 초점을 향하여 움직입니다. 이것이 바로 하나님의 주권입니다.(대상 29:11)

〈히브리서 3장 4절〉 말씀을 통해서도 하나님의 존재를 알 수 있습니다.

"어느 집이든 그 집을 세운 사람이 있듯이 모든 것을 창조하신 분은 하나님이십니다" (현대인)

"능력과 영광과 승리와 위엄은 다 주께 속하였으며 하늘과 땅에 있는 모든 것이 다 주의 것입니다. 여호와여, 만물을 다스리는 주권이 주께 있습니다." (대상 29:11 현대인)

질문학습 다음 괄호(　)에 올바른 말씀 찾아 넣기

잠깐, 신약 성경 〈로마서 1장 20절〉 말씀을 찾아 읽어보십시오. 하나님께서 세상 만물을 통해 자신을 드러내신다고 말씀하십니다. 그 세상 만물 속에는 우리 인간 자신도 포함됩니다. 그래서 하나님은 이 세상 모든 만물을 창조하신 창조주이신 하나님이라는 사실입니다.

◆ "창세로부터 그의 보이지 아니하는 것들
   곧 그의 (　　　　　)과 (　　)이
   그가 만드신 (　　)에 분명히 보여 알려졌나니
   그러므로 그들이 핑계하지 못할지니라"(롬 1:20)

황금의 입

동방교회의 위대한 설교자로 불리는 요한 크리소스톰Chrysostom, 347-406이 얼마나 설교를 잘했는지, 별명이 '황금의 입'이었다고 합니다. 한 번은 황제 앞에서 자신의 신앙을 포기하라는 명령을 받았는데, 그때 이러한 문답이 오고갔다고 전해집니다.

– 황제: "네가 계속해서 너의 하나님을 믿으려 한다면 너의 조국으로부터 쫓아내고 말겠다."

– 신하: "황제 폐하, 그러실 수 없습니다. 온 세상이 저의 아버지 땅이기 때문입니다."

화가 잔뜩 난 황제는 이렇게 말했습니다.

- 황제: "그렇다면 너의 모든 재산을 모조리 다 환수해 버리겠다."

그러자 그는 답했습니다.

- 신하: "죄송하지만 황제여, 그렇게도 할 수 없습니다. 저의 재산은 다 하늘에 있기 때문입니다."

화가 점점 더 끓어오른 황제는,

- 황제: "그렇다면, 너를 사람 하나 없는 곳으로, 누구와도 말할 수 없는 곳으로 좇아 보내버리겠다."

- 신하: "왕이시여, 그렇게도 할 수 없으십니다. 제게 형제보다도 더 가까운 분이 계신데, 그분은 제가 어디에 가든 함께 계시기 때문입니다."

이 말을 듣자, 황제는 분통이 나서 큰소리로 말합니다.

- 황제: "그렇다면, 나는 당장 너의 생명을 끊어버리겠다."

그러자 그는 빙그레 웃으면서 이렇게 답했다고 합니다.

- 신하: "죄송하지만, 황제이시여, 그것도 할 수 없습니다. 저의 생명은 그리스도로 더불어 하나님 안에 감추어져 있기 때문입니다."

다음은 주님께서 주시는 〈마태복음 16장 24절〉의 말씀입니다.

"이에 예수께서 제자들에게 이르시되 누구든지 나를 따라오려거든 자기를 부인하고 자기 십자가를 지고 나를 따를 것이니라"

✝

- 나눔의 즐거움 -

   이 장에서 얻은 깨달음과 마음에 은혜가 되었는지, 혹 어떤 변화나 결심을 하였다면 기도할 내용이 있는지, 각자의 생각과 느낌을 작성한 다음 그룹모임에서 함께 나눠봅시다.

_____

_____

_____

_____

_____

_____

_____

_____

_____

_____

디모데전서 2:4
하나님께서는 모든 사람이 다 구원받고 진리를 알게 되기를 원하십니다 (현대인)

2부

위대한 초대

-다시 신앙생활의
설레임

〈가시관을 쓰신 그리스도Christ Crowned with Thorns〉, 히에로니무스 보쉬,
1510년, 나무에 기름, 73.8×59cm, 내셔널 갤러리, 런던

〈가시관을 쓰신 그리스도〉 작품은 예수의 수난에 대한 성경의 두 가지 사건, 즉 예수를 조롱하는 일과 가시로 면류관을 쓰는 일을 결합한 것이다.

분주한 장면 한가운데 하얀 옷을 입은 고요한 예수가 주위를 둘러싸고 있는 네 남자의 난폭한 의도와 대조적으로 그림에서 침착하게 응시하고 있다.
두 명의 기갑 군인이 그의 위와 뒤에 서 있고 다른 두 명의 관중이 아래와 앞에서 무릎을 꿇고 있다.

"가시관을 엮어 그 머리에 씌우고 갈대를 그 오른손에 들리고 그 앞에서 무릎을 꿇고 희롱하여 이르되 유대인의 왕이여 평안할지어다 하며"(마태복음 27:29)

Chapter 1_ 중요한 두 질문

요한복음 1:1-2

태초에 말씀이 계셨습니다 그 말씀은 하나님과 함께 계셨는데, 그 말씀은 곧 하나님이셨습니다

그분은 세상이 창조되기도 전에 하나님과 함께 계셨습니다 (쉬운성경)

러시아의 세계적 문호인 톨스토이가 하루는 길을 걸어가고 있었습니다. 그런데 한 거지가 "선생님 도와주세요!"라고 간절히 적선을 부탁했습니다. 주머니를 보니 마침 돈 한 푼도 없는 것이었습니다. 톨스토이는 할 수 없이 거지의 손을 꼭 잡으면서 이렇게 말했습니다.

"오늘은 참 미안합니다. 가진 것이 하나도 없군요. 정말로 죄송합니다. 대신 제가 믿는 하나님께 기도해 드리겠습니다."

톨스토이는 거지의 더러운 손을 정겹게 잡아주며 한참 동안 신실하게 기도해 주었습니다. 돈 대신 진짜 사랑을 주었습니다. 그의 주변 누구도 냄새나는 더러운 거지의 손을 잡아주지 않았는데, 톨스토이는 오히려 더 큰 선물을 그에게 주었던 것입니다.

이렇듯 언제나 내 곁에 계신 사랑의 하나님은 우리의 냄새나는 더러운 손을 잡아주시고, 우리의 곪은 상처를 찢어 싸매주시는 분이십니다. 모두가 꺼리는 문제나 곤경을 신실하게 해결해 주십니다.

한 선교사가 아프리카 정글에서 길을 잃었습니다.

주변에는 덤불과 몇 군데 개간지밖에 보이지 않았습니다. 가까스로 선교사는 원주민들의 오두막을 발견하고서 그곳에 있던 한 원주민에게 도움을 청했습니다.

"나를 이 정글에서 벗어나 선교사들이 있는 마을로 돌아갈 수 있게 해줄 수 있소?"

그 원주민은 대답했습니다.

"좋소, 도와주리다. 나를 따라오시오."

그리하여 그들은 아무 이정표도 없는 정글에서 한참을 걸었습니다. 일행이 잠시 멈추어 주변을 둘러 볼 때마다 그 전과 똑 같은 정글 장면만이 펼쳐질 뿐이었습니다. 의심쩍다는 듯 선교사가 물었습니다.

"이 방향이 확실합니까? 길이라곤 하나도 보이지 않는데요!"

원주민은 확신 있게 대답했습니다.

"여기에는 길이 없습니다. 제가 바로 길입니다."

이렇듯 어느 방향으로 가야 할지 도무지 알 수 없을 때, 우리를 인도하시는 분은 오직 지혜로우시며 전능하신, 우리의 길잡이가 되시는 하나님이심을 기억해야 합니다. 그분만이 온전한 정답이 되십니다. 마치 물고기가 물을 떠나서 살 수 없고 나무가 흙을 떠나서 자랄 수 없는 것처럼 우리도 창조주 하나님을 떠나서는 진정으로 참행복할 수가 없습니다.

여기 내 생애에 가장 중요한 두 질문이 있습니다.
하나는, "만일 당신이 오늘이라도 죽는다면 천국에 들어갈 수 있는가?"
그다음은, "기도할 수 있는데 왜 걱정하십니까?"

영국의 엘리자베스 1세 여왕은 임종할 때 자신의 주치의에게 이렇게 말했습니다. "만약 나에게 6개월의 생명을 연장해 줄 수 있다면 나의 국토의 반을 나누어 드리겠소." 물론 이 의사는 여왕에게 6초의 시간도 생명을 더 연장해 줄 수가 없었습니다. 우리가 무슨 공적으로 갖고 이 영원한 영생(구원)을 살 수 있겠습니까?

예수 그리스도께서 이 땅에 오신 가장 중요한 목적은 영원한 생명을 주시기 위해 오셨습니다. 그는 사람의 힘이나 명예, 지식으로는 도저히 해결할 수 없는 죄와 사망의 권세를 이기고 새 생명을 주시기 위해 십자가 위에서 가시 면류관을 쓰시고 죽음의 고통을 당하셨습니다. 그분은 우리의 생사화복과 흥망성쇠를 쥐고 계신 분입니다.

이 시간 그분께서 생명의 말씀을 주셨습니다.

"우리는 하나님의 작품입니다. 선한 일을 하게 하시려고, 하나님께서 그리스도 예수 안에서 우리를 만드셨습니다." (엡 2:10 표준새번역)

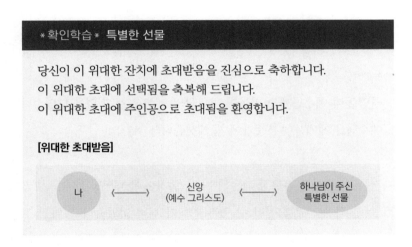

확인학습 특별한 선물

당신이 이 위대한 잔치에 초대받음을 진심으로 축하합니다.
이 위대한 초대에 선택됨을 축복해 드립니다.
이 위대한 초대에 주인공으로 초대됨을 환영합니다.

[위대한 초대받음]

| 나 | ⟵⟶ | 신앙 (예수 그리스도) | ⟵⟶ | 하나님이 주신 특별한 선물 |

Chapter 2_ 신나는 설렘의 첫 만남

누가복음 5:1

사람들이 예수님께 몰려들어 하나님의 말씀을 듣고 있을 때였습니다
예수님은 게네사렛 호숫가에 서 계셨습니다 (쉬운성경)

저는 깊은 산촌 유교적 전통의 가문, 종가에서 태어났습니다. 그러므로 어릴 적 기독교를 접할 수 있는 기회가 전혀 없었습니다. 마침 고등학교 2학년 때가 되어서 산골 동네의 가정에서 개척한 교회를 통해서 신앙생활을 시작하였습니다. 그리고 새로운 꿈을 가슴에 품게 되었습니다.

학창시절은 그저 노는 것을 좋아했고, 하나님을 모르는 삶을 살았습니다. 그러나 주님의 은혜로 예수님을 영접했고 하나님께 서원하는 삶

을 결단하게 됩니다. 지금도 여전히 나를 만나 주셨던 그 하나님을 전하는 선교사의 삶을 살고 있습니다.

이는 내 생애 떨리는 첫 만남의 순간이었습니다.

세상 그 무엇보다 인생에서 중요한 만남은 삶을 송두리째 변화시키는 분과의 만남일 것입니다. 물론 각자 가슴 떨리며 설레는 첫 만남의 순간들이 있을 것입니다. 그 신선한 충격은 오래도록 우리 가슴과 머리에 각인됩니다. 내 인생 잊지 못할 가슴 설레는 만남은 주님과의 만남의 시간이었습니다.

우리 삶의 만남에는 여러 가지가 있습니다. 오랫동안 보지 못한 그리운 이와의 애틋한 만남에서부터, 이제 막 새로 사랑을 시작한 연인들 간의 설레는 만남까지, 어쩌면 우리 인생에는 수많은 만남이 있습니다. 그런데 가장 가슴 설레는 진한 만남은 바로 주님과의 만남입니다. 그분은 살아계신 하나님이시기 때문입니다.

빌립보서 2:13
하나님께서는 여러분 안에서 하나님이 기뻐하시는 일을 할 수 있도록 돕고 계십니다 또한 하나님은 할 수 있는 힘과 능력을 여러분에게 공급해 주실 것입니다 (쉬운성경)

하나님의 말씀

히브리서 9:27

사람이 한 번 죽는 것은 정해진 일이요, 그 뒤에는 심판이 있습니다 (새번역성경)	사람들은 모두 한 번은 죽습니다 죽은 후에는 심판이 우리를 기다립니다 (쉬운성경)

중국이 낳은 세계적인 문필가 린위탕林語堂은 한때 그리스도교를 떠나서 휴머니즘으로 인간의 문제를 해결하려고 하였습니다. 그러나 훗날 그는 다시 그리스도교로 돌아와서 이렇게 고백하였습니다.

"내 책상 위에는 언제나 성경이 놓여 있습니다.

나는 성경을 읽으면서 이교도에서 그리스도인으로 전환되었습니다."

무엇이 그를 다시 그리스도인으로 귀환하도록 만들었을까요?

바로 하나님의 말씀을 읽다가 참 진리를 발견하였던 것입니다. 성경을 읽다가 홀랑 하나님과 만남의 은혜를 누리게 됩니다.

사람은 누구나 일생동안 근원적 물음에 답을 얻기 위하여 끊임없이 노력합니다. 그러나 문제는 정답을 얻기도 전에 하나님을 멀리합니다. 하나님은 뒷전이고 도움을 구하지도 않습니다. 그런데 인간은 세상에 태어나서 불과 100년 정도 살다가 이 세상을 떠나야 합니다. 우리는 이 세상에 사는 동안에 꼭 한번쯤은 스스로 삶의 가치나 목적이 무엇인지를 숙고해야 할 것입니다.

  우리는 일생에 크게 영향을 주는 **일생일대의 중요한 3가지**를 선택해
야만 합니다. 첫째는 배우자를 택하는 일입니다. 둘째는 직업을 선택
하는 일입니다. 그리고 셋째는 가치관(세계관, 종교관)을 결정하는 일입니
다. 이 3가지 중에서 인간에게 가장 근본적이고 궁극적인 것은 무엇이
겠습니까?

  바로 가치관의 문제입니다. 이 가치관에 따라 인생의 방향이 결정 짓
게 됩니다. 무엇보다도 영원한 생명이 되기 때문입니다.

은혜의 삶 말씀하신대로 이루시는 하나님

성경을 읽거나 말씀을 듣다 보면 무엇보다도 삶의 무궁무진한 은총과
충만한 지혜로 다가와 주십니다. 한 말씀이 위로가 되고 힘이 됩니다.
그래서 만남 중 최고의 만남은 하나님과의 만남일 것입니다.
하나님은 믿음의 자녀에게 무엇인가를 주실 때는 먼저 비전을 품게 하
시고는 말씀을 통해서 이루어 주셨습니다.
그분이 바로 우리의 하나님이십니다.

말씀 적고 나누기

　가슴 떨리는 주님과의 첫 만남을 사모하며 내 인생에 결정적인 동인 動因으로 작용해 주실 것입니다.

창세기 15:5	창세기 21:1-2
하나님께서 아브람을 밖으로 데리고 나가셔서 말씀하셨습니다 "하늘을 바라보아라. 셀 수 있으면 저 별들을 세어 보아라 네 자손들도 저 별들처럼 많아지게 될 것이다" (쉬운성경)	여호와께서는 말씀하신 대로 사라를 보살펴 주셨고, 약속하신 대로 사라에게 이루어 주셨습니다 사라는 임신하여 하나님께서 말씀하신 그 예정된 때에 늙은 아브라함의 아들을 낳았습니다 (쉬운성경)

Chapter 3_ 영혼을 지닌 인간

전도서 3:11

하나님이 모든 것을 지으시되 때를 따라 아름답게 하셨고 또 사람들에게는 영원을 사모하는 마음을 주셨느니라 그러나 하나님이 하시는 일의 시종을 사람으로 측량할 수 없게 하셨도다

인간의 창조는 다른 생물들의 창조와 확연히 구별됩니다. 그럼 사람과 동물이 다른 점은 무엇일까요? 이 둘의 큰 차이로 **인간은 인격을 갖고 있으며 동물은 영혼이 없다는** 것이고 반면 **사람은 영혼이 있다는** 것입니다.

하나님은 "영靈"이십니다.(요 4:24) 우리 인간에게는 영과 혼과 몸 세 가지가 있습니다. 그 영靈을 지닌 인간은 신을 찾는 종교심, 선을 추구

하는 양심, 그리고 영원을 갈망하는 마음을 가지고 있습니다. 그러므로 사람들은 하나님의 형상대로 지음 받은 영적 존재이기에 영이신 하나님을 의지하고 찾습니다.(창 1:27) 이것이 동물과 사람이 현저한 차이인 것입니다. 영혼을 통해 인간은 '나'라고 말할 수 있습니다. 고난을 겪는 중에도 감사할 수 있습니다. 그래서 사람은 누가 가르쳐주지 않아도 본능적으로 하나님을 찾는 마음을 다 가지고 있습니다.(전 3:11)

나의 양심은 분명 하나님의 존재하심과 하나님이 만물의 주권자이심을…, 그래서 죽음 앞에 선 사람들은 모두 하나님의 존재를 믿고 의지합니다. 그러기에 하나님이 없다는 사람은 자기 양심을 속이는 사람입니다.

다시 한번 말하건대 하나님은 현존하고 계십니다. 지금도 우리와 함께 동행하시며 어떤 상황에서도 우리와 함께해 주십니다.

영靈을 지닌 인간

전도서 3:21
인생들의 혼은 위로 올라가고 짐승의 혼은 아래 곧 땅으로 내려가는 줄을 누가 알랴

개척교회를 할 때 한번은 타 종교에 깊이 빠진 남묘호렌게쿄(창가학회 SGI)에 속한 성도를 만났습니다. 그의 아주 확고한 신념은 신은 없으며 사람은 죽으면 언젠가 동물이나 자연으로 다시 태어날 수 있다는 믿음이었습니다.

그러나 다 알다시피 동물과 자연은 영혼이 없습니다.(전 3:21) 다만 하나님의 형상으로 지음 받은 인간만은 영혼육을 가지고 있습니다. 그런데 사람이 영혼이 없는 것으로 다시 태어난다는 것은 있을 수 없는 일입니다.

하나님이 인간을 창조하실 때 하나님의 형상대로 영의 존재로 창조하셨기 때문입니다.(창 1:26) 요한이 쓴 〈요한복음 4장 24절〉 말씀은 "하나님은 영이시니"라고 하십니다. 인간은 하나님의 형상대로 창조하였다는 것은 사람을 영적인 존재로 만들었다는 뜻입니다.

우리는 누군가 자신의 자녀를 보고 자녀가 부모를 꼭 닮았다고 말하면 아주 좋아합니다. "아빠를 꼭 닮았다, 엄마처럼 눈이 크고 예쁘다, 국화빵이다, 꼭 찍었다!" 아마 모든 부모들은 이 말에 기분이 아주 좋아질 것입니다. 그런데 만일 반대로 그 부모의 자녀를 보고는 "부모를 전혀 닮지 않았다, 다른 사람을 닮았다!"라고 말한다면 아주 기분이 상할 것입니다.

우리 인간은 하나님의 형상대로 지음 받았고 그분의 영혼을 지니고 있음을 믿어야 합니다. 그러므로 사람은 각각 인생의 가치와 존재 목적을 다 가지고 있습니다. 우리는 하나님의 형상을 가지고 있는 존재들입니다.(창 1:25-27)

그래서 사람이 죽으면 육신은 흙으로 돌아가지만 영혼은 심판을 받고 그다음은 영원한 곳으로 갑니다. 물론 천국도 영원한 곳이고 지옥도 영원한 곳입니다. 천국은 하나님과 함께 영원히 영광을 누리는 곳이지만 지옥은 세세토록 마귀와 함께 고통받는 곳입니다. 그러나 하나님의 백성이 죽으면 영생을 얻음으로 천국으로 가서 하나님과 영원히 함께하게 됩니다.

그렇다면 당신은 어떻게 하면 하나님이 계신 천국에 갈 수 있겠습니까?

방법은 아주 간단합니다. 먼저 자신의 모든 죄를 회개하고 구주이신 예수 그리스도를 나의 구주로 영접합니다. 그다음은 예수 그리스도를 하나님의 아들로 고백하십시오. 그리고 주님을 나의 일상에서 가장 높은 곳에 세워드립니다.

그 믿음으로 오늘 주님의 의를 내 것으로 취하고 주님 안에 거하며 주님의 생명이 나를 통해 드러나도록 합니다.

요람에서 무덤까지

인간은 태어나서 죽기까지 하나님의 돌보시는 손길을 필요로 합니다. 하나님은 사람이 요람에서 무덤까지 영적 생명력을 유지하도록 하기 위해 꼼꼼하게 배려하셨습니다. 그래서 예수님께서는 **영원한 생명의 길**을 묻는 니고데모에게 다음과 같이 말씀하셨습니다.

요한복음 3:5
예수님께서는 이렇게 대답하셨습니다 "내가 너에게 진리를 말한다 누구든지 물과 성령으로 태어나지 않는다면, 그 사람은 하나님 나라에 들어갈 수 없다" (쉬운성경)

예수님께서는 자신을 따르는 제자들에게 먹으면 영원히 죽지 않을 영적인 빵에 대해서 말씀하셨습니다. 그러자 사람들이 청했습니다.(요 6:33-35)

"선생님, 이 빵을 우리에게 항상 주십시오."

예수님께서는 이렇게 대답하셨습니다.

"나는 생명의 빵이다. 내게 오는 사람은 결단코 굶주리지 않을 것이며, 나를 믿는 사람은 결코 목마르지 않을 것이다…" (35 쉬운성경)

"여러분들은 영원을 어디서 보내시겠습니까?"

물음에 대답해 봅시다.

◆ "나는 구원받은 하나님의 자녀임을 확신하십니까?"

◆ "당신은 이다음에 죽은 후에 어디서 영생을 보내시겠습니까?"

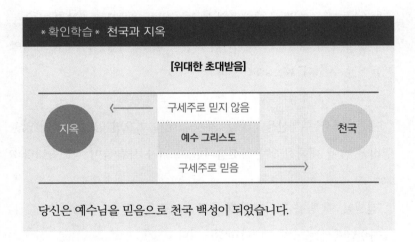

당신은 예수님을 믿음으로 천국 백성이 되었습니다.

은혜의 나눔

나의 삶에서 가장 설렜던 하나님과의 첫 만남을 나누어봅시다.
다음의 인생 최대의 물음에 적고 나누어 봅시다.

- ◆ "창조주 하나님은 계시는가?"

- ◆ "예수 그리스도는 누구인가?"

- ◆ "성령은 언제 나와 함께 하고 계신가?"

- ◆ "천국과 지옥이 있다고 믿고 있는가?"

- ◆ "성경은 어떤 책인가?"

- ◆ "우리의 삶에 획기적인 혁명을 일으킬 수 있는 진리는 무엇인가?"

- ◆ "그리스도인다운 삶을 사는 비결이 무엇이라 생각하는가?"

Chapter 4 _ 탁월한 스승

히브리서 4:12

하나님의 말씀은 살아 있고 활동력이 있어서 양쪽에 날이 선 그 어떤 칼보다도 더 날카롭습니다 그래서 혼과 영과 관절과 골수를 쪼개고 사람의 마음속에 품은 생각과 뜻을 알아냅니다 (현대인)

성경을 통틀어 가장 달콤하게 얘기하는 대목 가운데 하나가 〈요한복음 1장 37-42절〉 안드레와 요한이 예수님을 만나는 첫 번째 상봉의 장면입니다.

이 두 청년은 "보라, 하나님의 어린양이시다"(요 1:29, 36)는 세례 요한의 말을 듣고 조용히 예수님의 뒤를 따라섭니다.

예수님은 자신의 뒤를 따르는 두 청년을 보고는 물으십니다.

"무엇을 원하느냐?"

"선생님, 어디에 머물고 계십니까?"

"따라오너라. 그러면 알게 될 것이다."

안드레와 요한 두 청년은 예수님을 따라가 함께 머뭅니다.

그리고는 안드레의 형 시몬 베드로에게 가서 말해줍니다.

"형, 우리가 메시아(그리스도)를 만났어!"

안드레는 형 시몬을 데리고 예수님에게 갔고, 예수님은 시몬을 보시고는

"너는 요한의 아들 시몬이다. 그러나 앞으로는 게바(베드로)라고 부르겠다."(요 1:37-42)

이 짧은 이야기 속에는 세 청년들에게 엄청난 얘기가 담겨 있습니다.

그들이 웬 낯선 분을 만나서는 그가 '메시아'임을 알아봤다는 것입니다. 곧 예수님이 바로 하나님(메시아)과 다름이 없었기 때문입니다. 그러기에 예수님의 말씀에는 **"골수를 가르는 힘"**(히 4:12)이 있었고 사람을 죽이고 살리는 권능이 있었습니다.

예수님은 탁월한 스승으로서 복음 선포자, 설교가, 치유자, 보호자, 그리고 교사였을 뿐만 아니라 가르치는 자였습니다. 예수님의 가르침을 받으면 누구든 변화되었습니다. 또, 예수님은 자신이 특별히 교육시킨 제자들을 파견하여 그들이 배운 바를 실행하도록 했습니다. 그래서

준비와 회개, 변화된 삶에 주안점을 두었습니다. 무엇보다도 사랑의 원리를 실행했습니다.

예수님은 "하나님은 사랑이시다"(요한1 4:8)라고 가르쳤고 그 사랑을 몸소 실천하셨습니다. 예수님의 사랑은 지위 고하, 남녀노소, 부자와 가난한 이들, 장애인들 등 모든 사람을 향한 사랑을 실천하였습니다.

〈마태복음 9장 10절〉 말씀을 읽어보겠습니다.

"예수님이 제자들과 함께 마태의 집에서 식사하실 때 세무원과 죄인들도 많이 와서 자리를 같이하였다" (현대인)

특히 여성과 어린이들에 대한 배려는 당시 매우 파격적이었습니다. 어린이와 여인들에게도 차별 없이 자신의 가르침을 받을 수 있는 교육의 기회를 부여했습니다.

마태복음 19:13-14

그 때에 사람들이 예수께서 안수하고 기도해 주심을 바라고 어린 아이들을 데리고 오매 제자들이 꾸짖거늘

예수께서 이르시되 어린 아이들을 용납하고 내게 오는 것을 금하지 말라 천국이 이런 사람의 것이니라 하시고 (개역개정)

예수님은 제자들을 뽑으실 때도 집안의 배경이나 현재의 직업을 보고 평가하고 택하지 않으셨습니다. 제자들이 앞으로 성장하게 될 미래

의 가능성을 보고 제자로 부르셨습니다. 그래서 12제자 중 대부분이 어부였고, 베드로는 성격이 급하고 마음이 약했습니다. 마태는 세리였습니다.

예수님은 이러한 제자들에게 직접 다가가셔서 인격적인 만남으로 부르셨습니다. 그리고는 삶의 문제들에 대하여 명쾌한 가르침을 주셨습니다.

마태복음 4:19-20
예수님이 그들에게 "나를 따라오너라 너희를 사람 낚는 어부가 되게 하겠다" 하고 말씀하시자
그들은 곧 그물을 버려 두고 예수님을 따랐다 (현대인)

예수님의 가르침

예수님께서는 자신을 따르는 사람들에게 행복의 파랑새로 찾아 얻는 방법으로, 어떻게 살아야 성공적으로 잘 살 수 있는지를 역설적으로 가르쳐 주셨습니다.

우선 다음과 같이 여덟 가지 행복을 선언하셨습니다.

마태복음 5:3-10

마음이 가난한 사람들은 행복하다. 하늘 나라가 그들의 것이다

슬퍼하는 사람들은 행복하다 그들은 위로를 받을 것이다

유순한 사람들은 행복하다 그들은 땅을 물려받을 것이다

의를 위해 굶주리고 목마른 사람들은 행복하다 그들은 원하는 것을 다 얻을 것이다

남을 불쌍히 여기는 사람들은 행복하다 하나님도 그들을 불쌍히 여기실 것이다

마음이 깨끗한 사람들은 행복하다 그들은 하나님을 볼 것이다

화평을 이루는 사람들은 행복하다 그들은 하나님의 아들이라 불릴 것이다

의를 위해 핍박을 받는 사람들은 행복하다 하늘 나라가 그들의 것이다 (현대인)

그리고 예수님께서는 성공의 비결로 다음과 같은 말씀을 주십니다. 이 말씀은 신앙생활에서뿐 아니라 사회생활의 측면에서도 꼭 기억해야 할 가르침입니다.

마태복음 7:13
좁은 문으로 들어가거라 멸망으로 가는 문은 넓고 그 길이 쉬워, 많은 사람들이 그 곳으로 들어간다 (쉬운성경)

마태복음 10:39
자기의 목숨을 찾으려고 하는 사람은 잃게 될 것이며, 나를 위하여 자기 목숨을 버리는 사람은 얻게 될 것이다 (쉬운성경)

마태복음 7:12
다른 사람이 너희에게 해 주었으면 하는 대로, 너희가 다른 사람들에게 모두 해주어라 이것이 율법과 예언서의 내용이다 (쉬운성경)

누가복음 12:20
그러나 하나님께서 그 사람에게 말했다 "어리석은 사람아! 오늘 밤 네 영혼을 가져갈 것이다 그러면 네가 준비한 것을 누가 가져가겠느냐?" (쉬운성경)

마가복음 10:43-44

그러나 너희는 그래서는 안 된다 누구든지 너희 중에서 높아지려거든 종이 되어야 한다

누구든지 너희 중에서 첫째가 되려거든 모든 사람의 종이 되어야 한다 (쉬운성경)

마태복음 13:44

하늘 나라는 밭에 숨겨진 보물과 같다 어떤 사람이 그 보물을 발견하고 다시 밭에 숨겼다 그는 매우 기뻐하며 돌아가서 가진 것을 모두 팔아 그 밭을 샀다 (쉬운성경)

질문학습 어떻게 해야 '영원한 생명'을 얻을 수 있을까요?

예수님의 가르침 가운데 가장 중요한 것은 '영원한 생명'에 대한 가르침이었습니다. 하나님나라 비유의 말씀(마 13:44)에서 보듯이 평범한 밭에 숨겨져 있는 귀한 보물을 발견하고 그 가치를 얻고자 자신의 모든 것을 팔아서 그것을 얻으려 한다는 것입니다.

절대 순종의 삶을 예수님은 원하고 계십니다.

우리는 매일의 삶을 어떻게 살아야 할 것인가?
_____

어떻게 하면 계속해서 하나님의 은혜 안에 머물러 있을 수 있는가?
_____

_____

_____

8가지 행복과 성공의 원리 적기

[말씀 읽기] 마태복음 5:3-10

8가지 참 행복	성공의 원리 말씀 읽기 (핵심 적기)	
1. 심령이 가난한 사람	마태복음 7:13	
2.	마태복음 10:39	
3.	마태복음 7:12	
4.	누가복음 12:20	
5. 긍휼히 여기는 사람	마가복음 10:43-44	
6.	마태복음 13:44	
7.	잠언 8:22-31	
8. 의를 위하여 박해받는 사람	빌립보서 2:6-11	

[실전 말씀 읽기] 출애굽기 3:1-6

창세기 말씀을 보면 하나님은 앞으로 복의 근원이 될 아브라함을 찾고 있음을 볼 수 있습니다.(창 12:1-2) 아브라함은 하나님의 부름에 순종하고 따름으로 믿음의 조상이 되었습니다. 그리고 축복의 근원이 됩니다. 또 하나님은 모세를 찾으십니다.(출 3, 4장)

이처럼 특별한 초대받음은 하나님의 특별한 선물입니다. 이제 우리는 복의 근원으로 초대받은 특별히 선택받은 사람입니다.

모세가 이드로의 양 떼를 돌보고 있던 때의 일입니다.

이드로는 미디안의 제사장이며 모세의 장인입니다.

모세는 광야의 서쪽으로 양 떼를 몰고 갔습니다. 모세는 하나님의 산인 호렙 산에 이르렀습니다.

그 곳에서 여호와의 사자가 떨기나무의 불꽃 속에서 모세에게 나타났습니다.

그 나무는 불붙고 있었지만, 타서 없어지지는 않았습니다.

그래서 모세는 "가까이 가서 이 이상한 일을 살펴보아야 하겠다. 어떻게 나무에 불이 붙었는데 타지 않을 수 있을까?" 하고 말했습니다.

여호와께서 모세가 그 나무를 살펴보려고 올라오는 모습을 보셨습니다. 그래서 하나님께서는 나무 사이에서 "모세야, 모세야!" 하며 그를 부르셨습니다.

모세는 "제가 여기에 있습니다" 하고 대답했습니다.

하나님께서 말씀하셨습니다.

"더 가까이 오지 마라. 네 신발을 벗어라. 너는 지금 거룩한 땅 위에 서 있느니라. 나는 네 조상의 하나님이다. 나는 아브라함의 하나님, 이삭의 하나님, 야곱의 하나님이다."

모세는 하나님을 바라보는 것이 두려워서 얼굴을 가렸습니다. (출애굽기 3:1-6 쉬운성경)

죄와 벌

하나님의 말씀을 만나서 인생행로를 바꾼 사람이 〈죄와 벌〉을 쓴 러시아의 문호 도스토예프스키입니다. 그가 1866년에 발표한 그의 유명한 소설 "죄와 벌(罪와 罰)"은 변화의 결실로 이어집니다.

도스토예프스키가 젊었을 때는 제법 작가로 글줄이나 쓴다고 교만하기 이를 데가 없었다고 합니다. 그야말로 안하무인眼下無人격이었습니다. 그런데 그가 비밀결사에 참여했다가 체포되어 시베리아 벌판으로 유형을 떠나게 되었습니다.

한 때는 젊은 작가로서 떨쳤던 명성도 사라지고 알아주는 사람 하나 없는 시베리아 강제 노동 수용소에서 기한도 없는 유형의 생활이 계속

되었습니다. 낮에는 강제노동에 시달렸고, 저녁이 되면 어둡고 추운 골방에서 외롭게 절망의 인생을 달래가며 지냈습니다. 그때 누군가가 그에게 성경 한 권을 보내왔습니다. 그래서 그는 매일 저녁 성경을 읽게 되었습니다.

그렇게 그는 성경 속에서 하나님을 만나게 되었습니다. 그때 하나님의 음성을 들었습니다. 그리고는 하나님 앞에서 "양심"이라고 하는 것을 깊이 생각하게 되었습니다. 마침내 그가 온갖 심혈을 기울여 인생 말엽에 작품을 하나 내놓았는데, 그것이 바로 양심의 문제를 다룬 〈죄와 벌〉입니다.

하나님의 말씀으로 새롭게 태어난 그가 양심의 문제를 깊이 깨달아 성경의 진리를 극적으로, 문학적으로 풀어나갈 수 있었던 것입니다.

문호 도스토예프스키는 성경을 읽는 것으로 그쳤던 것이 아니라 살아계신 하나님을 만났고 그의 삶은 변화되었습니다.

✝

- 나눔의 즐거움 -

   이 장에서 얻은 깨달음과 마음에 은혜가 되었는지, 혹 어떤 변화나 결심을 하였다면 기도할 내용이 있는지, 각자의 생각과 느낌을 작성한 다음 그룹모임에서 함께 나눠봅시다.

_____

_____

_____

_____

_____

_____

_____

_____

_____

_____

_____

_____

_____

3부

위대한 초대

– 삼위일체의 하나님을 아는 삶

〈솔로몬 왕의 재판광경〉, 니콜라 푸생, 1649년, 캔버스에 유채,
150x101cm, 루브르박물관, 파리

유명한 구약 성경(열왕기상 3:16-28) 이야기 〈솔로몬의 심판〉 작품은 프랑스 회화의 아버지로 불리는 니콜라 푸생Nicolas Poussin, 1594-1665의 걸작 중 하나로 손꼽힌다. 지혜의 솔로몬 왕은 나라와 백성을 잘 다스리기 위해 하나님께 선과 악을 분별할 수 있는 지혜를 간구했다.

하나님께서 그의 꿈에 나타나 지혜로운 마음을 주셨는데, 솔로몬이 얼마나 지혜로운 왕인지 말해주는 이야기이다.

푸생은 이 이야기를 한 폭의 그림으로 담았다.

"이것은 다윗의 아들 이스라엘 왕 솔로몬의 잠언이다" (지혜의 잠언 1장 1절, 표준새번역)

Chapter 1_ 창조주 하나님

잠시 멈춰 생각해 봅시다.

우리가 참다운 그리스도인이 되기 위해서는 반드시 성령세례로 거듭나야만 합니다. 그런데 우리가 영적으로 거듭난 그리스도인이 되는 것은, 하나님의 은총으로 가능한 일입니다.

성 어거스틴은 고백하기를 "인간이 하나님에게 돌아가지 않으면 영원히 행복할 수 없다"라고 하였습니다.

진지하게 묻겠습니다.

"여러분은 영원한 행복을 원하십니까?"

"당신은 지금 천국과 지옥 중에 어느 길로 가고 있습니까?"

그렇다면 먼저 하나님이 누군지를 알아야 하고 만나야 합니다.

그리고 "태초에 하나님이 천지를 창조하셨다(창 1:1)"는 말씀을 믿어야 합니다.

하나님께서는 〈잠언 14장 12절〉로 말씀하십니다.

어떤 길은 사람이 보기에 바른 것 같지만 결국은 죽음에 이르고 만다 (현대인)	어떤 길은 사람이 보기에 좋아 보여도, 결국은 죽음의 길이다 (쉬운성경)

누구든 삶에 있어 난관과 어려움에 부딪히게 마련입니다. 그러나 주님의 은총으로 그 문제와 죄 그리고 죽음의 길에서 생명의 길로 넘어갈 수 있습니다.

〈창세기 1장 1절〉 "태초에 하나님이 천지를 창조하시니라", 〈시편 19장 1절〉 "하늘은 하나님의 영광을 드러내고, 창공은 그의 솜씨를 알려 준다"의 말씀을 믿을 때, 우리는 하나님께서 나의 창조주 되심을 믿게 됩니다. 그는 창조주 하나님이십니다.

하나님의 솜씨는 대단하여 우리를 얼마든지 하나님의 자녀로 신분을 바꿀 수 있습니다. 그 과정은 무척이나 쉽습니다. 신실한 믿음으로 다음의 신앙을 고백하면 됩니다.

전지전능의 하나님

마태복음 16:16

주님은 그리스도시며 살아 계신 하나님의 아들이십니다 (현대인)

이 믿음의 고백은 하나님께서 나의 창조주이심을 믿어지게 돼, 내가 하나님의 자녀라는 사실을 공표하게 됩니다. 더불어 영적 신분이 바뀌었다는 것을 알리는 것입니다. 따라 인생의 과정과 결과는 판이하게 달라집니다. 분명 인간의 이성으로는 도저히 이해할 수 없는 신비로운 창조의 비밀입니다. 하지만 하나님의 말씀은 단호하게 알려주십니다. 그분은 만물의 주인이신 창조주 하나님의 피조물이라고 말입니다. 그래서 이 우주의 주인은 하나님이십니다.

히브리서 3:4

어느 집이든 그 집을 세운 사람이 있듯이 모든 것을 창조하신 분은 하나님이십니다 (현대인)

만약 어떤 사람이 "하나님은 없다!"(시 14:1)라 말한다면 그는 〈창세기 1장 1절〉 말씀 "태초에 하나님이 천지를 창조하시니라"를 읽지 않은 사람입니다. 말씀대로 태초에 하나님이 천지를 창조하셨음을 알 수 있습니다. 그리고 그 창조주는 자기 형상대로 사람도 창조해 주셨습니다.(창

1:27)

나를 창조하신 하나님은 모든 문제의 해결자이시며 치유자이십니다. 또한 만사형통의 주관자이십니다. 당연 우주를 창조하신 분이십니다. 그는 거룩하시며 완전하신 분이시며 전능하십니다.(계 4:8) 그리고 당신의 안위를 위해 밤낮 주무시지 않으시며 지켜주시는 분입니다. 더 중요한 것은 그분이 나의 신실한 아버지가 되신다는 사실입니다.

요한계시록 4:8

네 생물은 각각 여섯 날개를 가졌고 날개 안팎으로 눈이 가득하였습니다 그 생물들은 밤낮 쉬지 않고 '거룩하다, 거룩하다, 거룩하다 전능하신 주 하나님, 전에도 계셨고 지금도 계시며 장차 오실 주님!' 하며 외치고 있었습니다 (현대인)

Chapter 2 _ 하나님의 절대적 속성

잠언 1:7

여호와를 경외하는 것이 지식의 근본이거늘…

하나님의 속성이란 하나님만이 가지시는 고유한 특성으로서 하나님의 완벽함과 탁월함, 위대하고 영광스러운 영원한 본성의 속성들을 가지고 계십니다. 하나님을 분별하고 확인할 수 있습니다.

하나님은 전능omnipotent하십니다. 즉 하나님께서는 모든 것들을 다스리시는 모든 능력을 갖고 계십니다.(욥기 42:2) '전능의 하나님'이라는 호칭은 히브리어로 '엘-샤다이אֵל שַׁדַּי'라고 합니다. 이는 "전능자 하나님" 또는 "긍휼이 많으신 하나님"이라는 의미입니다.

전능의 하나님께서 말씀하셨습니다.

창세기 17:1

나는 전능한 하나님이다. 너는 나에게 순종하며 내 앞에서 흠 없이 살아라 (현대인)	나는 전능한 하나님이다 내 말에 복종하며 올바르게 살아라 (쉬운성경)	I am God Almighty; walk before me and be blameless (NIV)

예수님께서도 말씀하셨습니다.

마태복음 19:26

사람의 힘으로는 할 수 없지만 하나님께서는 다 하실 수 있다 (현대인)	Jesus looked at them and said, "With man this is impossible, but with God all things are possible" (NIV)	예수께서 그들을 눈여겨보시고, 말씀하셨다 "사람은 이 일을 할 수 없으나, 하나님은 무슨 일이나 다 하실 수 있다" (새번역)

이처럼 인간이 할 수 없는 어떤 일도 하나님은 능히 다 하십니다. 하나님은 아브라함과 이삭, 야곱에게 자신을 '전능의 하나님'으로 나타나셨습니다.(출 6:3) 사도바울은 "나에게 능력 주시는 분 안에서 나는 모든 것을 할 수 있습니다"라고 말했습니다. (빌 4:13 현대인)

주신 특별한 말씀 찾아 적기

아래의 성경 말씀을 찾아서 읽고 묵상 후 적어보십시오.

하나님은 인격을 가지고 계신 분이십니다

성경은 하나님이 성령의 지성과 감정과 의지를 가지고 있다고 분명하게 가르쳐주고 있습니다.

[말씀 읽기]

고린도전서 2:11

사람의 일을 사람의 속에 있는 영 외에 누가 알리요 이와 같이 하나님의 일도 하나님의 영 외에는 아무도 알지 못하느니라

히브리서 13:16

오직 선을 행함과 서로 나누어 주기를 잊지 말라 하나님은 이같은 제사를 기뻐하시느니라

로마서 15:31-32

나로 유대에서 순종하지 아니하는 자들로부터 건짐을 받게 하고 또 예루살렘에 대하여 내가 섬기는 일을 성도들이 받을 만하게 하고 나로 하나님의 뜻을 따라 기쁨으로 너희에게 나아가 너희와 함께 편히 쉬게 하라

하나님은 영이십니다

하나님은 인격을 가지신 분이시지만 사람과 같이 형체를 갖고 계시지는 않습니다. 다만 영으로 우리와 함께 하시고 계십니다.

[말씀 적기]

요한복음 4:24

하나님은 영이시니 예배하는 자가 영과 진리로 예배할지니라

하나님은 거룩하십니다

베드로전서 1:16

내가 거룩하니 너희도 거룩할지어다 하셨느니라

하나님은 의義로우십니다

로마서 3:26

곧 이 때에 자기의 의로우심을 나타내사 자기도 의로우시며 또한 예수 믿는 자를 의롭다 하려 하심이라

하나님은 사랑이십니다

종교 개혁자 루터1483-1546는 한때 하나님의 모습을 엄격한 심판관으로 생각하고 하나님을 두려움의 대상으로 여겼으나, 성경을 통해 주님을 만난 후 사랑과 자비의 하나님임을 깨닫게 되었다고 합니다.

[말씀 적기]

요한일서 4:7-8

사랑하는 자들아 우리가 서로 사랑하자 사랑은 하나님께 속한 것이니 사랑하는 자마다 하나님으로부터 나서 하나님을 알고

사랑하지 아니하는 자는 하나님을 알지 못하나니 이는 하나님은 사랑이심이라

그러므로 사람은 하나님의 형상대로 지음 받은 영적 존재로서 그분과 교제할 수 있고 사귐을 가질 수 있는 존재입니다.

내가 알고 있는 삼위일체(성부, 성자, 성령)의 하나님을 주변의 사람들에게 어떻게 소개하고 있는지요? 그 삼위일체의 하나님을 3개의 원형으로 그려 보십시오.

자신이 즐겨 부르는 하나님의 호칭은 무엇인가요?
하나님은 우리에게 자신을 "아버지(아빠!)"로 부를 수 있는 특권을 주셨습니다. 예수님은 전능의 하나님을 '아빠 아버지'라 불렀습니다.
(막 14:36, 2:49)

하나님은
창조주, 한 분, 전지하심, 전능하심, 어디에나 계심, 변함이 없으심, 영원하심, 인격자이시며 우리의 생명의 근원이십니다.

– 거룩하신 하나님
– 역사의 주관자 되신 하나님
– 임마누엘의 하나님
– 사랑의 하나님
– 천지의 주재이신 하나님
– 나의 하나님 아버지
– 용서해 주시는 하나님
– 살아계신 하나님

* 이외에도 더 많은 특성을 가지고 계십니다.

Chapter 3_ 예수 그리스도

요한복음 8:58

예수께서 이르시되 진실로 진실로 너희에게 이르노니 아브라함이 나기 전부터 내가 있느니라 하시니

깊은 영적 목마름을 해결하고자 진리의 생수를 찾는 여러분에게 예수 그리스도를 소개합니다.

흔히 4대 성인을 말하기를 석가, 공자, 소크라테스, 예수 등 그 이름들입니다. 예수는 다른 세 성인과는 큰 차이가 있습니다. 석가, 공자, 소크라테스는 모두 사람들이었기에 죽었고 부활하지 않았습니다. 그러나 예수 그리스도는 죽으셨으나 삼일 만에 부활하시어 제 2위격의 하나님으로 계십니다. 여전히 하나님의 보좌 위에 앉으셨습니다.(골 3:1,

히 1:3) 우리 믿음의 대상은 바로 예수 그리스도이십니다. 그래서 한 설문기관 조사 결과 인류에게 가장 큰 영향을 끼친 인물 1위가 '예수님'이었다고 합니다. 그는 하나님의 아들이신 메시아(구세주)이시기 때문입니다.

예수님 탄생의 기원紀元

예수님은 언제 태어났을까요? 세기 원년에 태어나셨습니다.

서양에서는 525년경에 예수님의 탄생을 기준으로 세계 역사가 기원전B.C에서 기원 후A.D로 바뀌게 됩니다. 이와 같이 예수님은 세계 역사의 중심이 되었고 기원紀元의 기준입니다. 그러므로 예수는 참으로 하나님의 아들이시며 우리를 죄에서 구원하신 구세주이십니다.

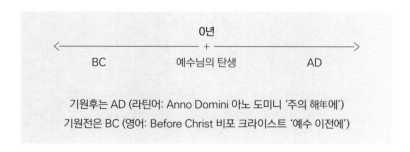

기원후는 AD (라틴어: Anno Domini 아노 도미니 '주의 해年에')
기원전은 BC (영어: Before Christ 비포 크라이스트 '예수 이전에')

예수님이 죽으신 년도는 AD 30-33년으로 추정(전통적으로 33세)합니다. 〈마태복음 2장 19절〉에 '헤롯이 죽은 후에'라는 기록으로 보아, 헤롯왕은 기원전 37년에 정권을 잡아 기원전 4년에 70세 나이로 죽었습니다. 그러므로 실제 예수 탄생 시기는 기원전 4-6년으로 보면 됩니다.

알아보기 12월 25일 크리스마스 (그리스도의 탄생일)

크리스마스는 '그리스도의 미사'라는 뜻을 가지고 있습니다. 매년 12월 25일에 기념되고 있으며, 처음에는 크리스마스가 1월 6일, 3월 21일, 12월 25일로 지역마다 날짜가 일정하지 않았습니다. 그러나 336년 무렵 로마교회에서 12월 25일로 정한 이후에 예수 그리스도의 탄생을 기념하는 축일이 되었습니다.

예수 그리스도의 인성과 신성

히브리서 12:2

믿음의 창시자요 완성자이신 예수를 바라봅시다 그는 자기 앞에 놓여
있는 기쁨을 내다보고서, 부끄러움을 마음에 두지 않으시고, 십자가
를 참으셨습니다 그리하여 그는 하나님의 보좌 오른쪽에 앉으셨습니
다 (새번역)

예수 그리스도는 하나님의 신성에 있어서 두 번째 위격이십니다. 그
예수님은 영원하신 하나님과 성령님과 더불어 존재하시는 분이십니다.
예수 그리스도는 본래 하나님이신데 사람이 되셔서 이 세상에 오셨
습니다.(빌 2:6-8) 그는 인간적인 성품을 갖고 계셨습니다. 이것을 그리스
도의 인성이라고 합니다.(요 11:35, 눅 2:5-6, 마 27:50, 눅 2:52, 마 4:1, 요 4:6) 또한
예수 그리스도는 근본으로 하나님이시기 때문에 하나님으로서의 성
품, 즉 신성을 소유하신 분입니다.(히 1:3, 요 11:43-44, 히 13:8, 골 1:16)

인성의 그리스도	신성의 그리스도
요한복음 11:35 예수께서 눈물을 흘리시더라	히브리서 1:3 이는 하나님의 영광의 광채시요 그 본체의 형상 이시라 그의 능력의 말씀으로 만물을 붙드시며 죄를 정결하게 하는 일을 하시고 높은 곳에 계 신 지극히 크신 이의 우편에 앉으셨느니

예수 그리스도의 이름

'예수 그리스도'라는 칭호는 곧 '예수님이 구세주이시다'라고 신앙고백을 하는 것입니다. '예수'라는 이름은 본래 '예슈아'의 라틴어 발음입니다. '예슈아'는 히브리어 '여호수아'를 그리스어로 표기하여 '예수'라 발음하였습니다. 뜻은 '하나님은 구원이시다'입니다.

- ◆ 예수 그리스도 = 하나님은 구원이시다(마 1:21)
- ◆ 예수의 별명 = 임마누엘. 뜻은 "하나님께서 우리와 함께 계시다"(마 1:23)
- ◆ '그리스도'는 라틴어 '크리스투스'에서 유래되었고, 고대 그리스어의 크리스토스(christos: 기름 부음을 받은 자)의 표기이다.
- ◆ 메시아(Messiah)라는 말은 '기름 부음 받은 자'라는 뜻을 갖고 있으며 여기서 헬라어 그리스도(Christos, Χριστός)라는 말이 나왔다. '구원자'를 의미하는 히브리어이다.
- ◆ 주님 = 퀴리오스(헬: kyrios) = 각하, 대통령님, 주인님

메시아Messiah는 유대 사회에서는 "기름 부으심"을 받아 왕의 자리에 오른 사람을 의미합니다. 그래서 이 단어는 유대인들에게 민족적 역경과 고난 가운데 구원과 해방을 기대하는 구원자의 상징이었습니다.

말씀으로 예수 그리스도 알기

다음의 말씀을 성경에서 찾아 기록해 봅시다. 예수님이 누군지를 바로 알 수 있습니다. 곧 예수님이 하나님의 아들이심을 알 수 있게 될 것입니다.

다음의 말씀을 찾아 읽고 묵상 후 적어봅시다.

예수님은 우리를 위해 십자가에서 죽으셨습니다

베드로전서 2:24

친히 나무에 달려 그 몸으로 우리 죄를 담당하셨으니 이는 우리로 죄에 대하여 죽고 의에 대하여 살게 하려 하심이라 그가 채찍에 맞음으로 너희는 나음을 얻었나니 (개역개정)	그리스도께서 몸소 우리 죄를 지시고 십자가에 달려 죽으심으로 우리는 죄에 대하여 죽고 의를 위해 살 수 있게 되었습니다 그분이 매맞고 상처를 입으심으로 여러분이 낫게 된 것입니다 (현대인)

예수님은 그 죽음에서 부활하셨습니다

로마서 6:9

이는 그리스도께서 죽은 자 가운데서 살아나셨으매 다시 죽지 아니하시고 사망이 다시 그를 주장하지 못할 줄을 앎이로라	우리는 그리스도께서 죽은 사람들 가운데서 살아나셨으므로 다시는 죽으실 수 없고 죽음이 더 이상 그분을 지배하지 못할 것으로 알고 있습니다 (현대인)

예수님은 승천하셔서 하나님 우편에서 우리를 위해 간구하십니다

로마서 8:34

누가 정죄하리요 죽으실 뿐 아니라 다시 살아나신 이는 그리스도 예수시니 그는 하나님 우편에 계신 자요 우리를 위하여 간구하시는 자시니라	누가 우리를 죄인으로 단정하겠습니까? 그리스도 예수님은 죽었다가 다시 살아나셔서 하나님의 오른편에서 항상 우리를 위해 기도해 주십니다 (현대인)

예수님은 다시 재림하십니다

마태복음 24:30

그 때에 인자가 올 징조가 하늘에서 나타날 터인데, 그 때에는 땅에 있는 모든 민족이 가슴을 치며, 인자가 큰 권능과 영광에 싸여 하늘 구름을 타고 오는 것을 보게 될 것이다	그때에 내가 온다는 징조가 하늘에 나타날 것이니 세상의 모든 민족이 통곡할 것이다 그들은 내가 구름을 타고 능력과 큰 영광으로 오는 것을 보게 될 것이다 (현대인)

예수님은 하나님 우편에서 우리를 위해 기도하고 계십니다

로마서 8:34

누가 정죄하리요 죽으실 뿐 아니라 다시 살아나신 이는 그리스도 예수시니 그는 하나님 우편에 계신 자요 우리를 위하여 간구하시는 자시니라	누가 우리를 죄인으로 단정하겠습니까? 그리스도 예수님은 죽었다가 다시 살아나셔서 하나님의 오른편에서 항상 우리를 위해 기도해 주십니다 (현대인)

'익투스'는 '물고기'라는 뜻입니다. 헬라어 문장의 각각 첫머리 글자를 딴 글자이며 초기 기독교인들이 비밀스럽게 사용했던 그리스도인의 상징을 의미합니다. '예수스 크리스토스 데오스 휘오스 소테르(Ιησους Χριστος Θεου Υιος Σωτηρ)', 즉 '예수 그리스도 하나님의 아들 구세주이다'라는 고백입니다.

Chapter 4_ 우리의 활력 성령님

요한복음 14:16

내가 아버지께 구하겠으니 그가 또 다른 보혜사를 너희에게 주사 영
원토록 너희와 함께 있게 하리니

아프리카 한 부족에게 사역하고 있는 선교사님이 원주민들에게 성
령(보혜사, 保惠師)의 의미를 다음과 같이 설명해 주었습니다. "우리 옆에
엎드리시는 분." 즉, 성령 보혜사는 '은혜로 돕는 스승'이라는 뜻입니다.
헬라어 원어는 '파라클레토스παράκλητος'로 주로 법정에서 피고인을
변호하는 사람을 가리킵니다.

흔히 성령님을 비유적으로 설명할 때 자동차의 연료로 표현하기도
하고, 알코올이 들어 있는 음료로 표현하기도 합니다. 그러니까 성령님

은 자동차를 움직이게 하는 동력과 같고 몸의 혈액순환을 촉진시키는 에너지와도 같습니다. 이렇듯 성령님은 동력, 활력, 힘이 되십니다.

거룩하신 성령

고린도전서 12:3

하나님의 영으로 말하는 자는 누구든지 예수를 저주할 자라 하지 아니하고 또 성령으로 아니하고는 누구든지 예수를 주시라 할 수 없느니라

예수님께서는 이 성령을 '파라클리투스paraclitus'라 부르셨습니다.(요 15, 26-27) 그리고 '보혜사'는 '내 곁에 계신 성령'을 말합니다. 또한 성령은 생명의 기운을 의미하고 '온유함, 부드러움, 따뜻함'으로 표현하기도 합니다. 성령은 인격적인 존재이십니다.

성령 파라클레토스Paracletos는 '변호자, 보호자, 위로자, 격려자, 상담자라는 의미를 담고 있습니다. 그 성령은 실제로 작용하고 있지만 포착할 수 없고 볼 수는 없으나 강력합니다. 인간이 호흡하는 공기처럼 필수적이고 바람이나 폭풍처럼 역동적이십니다.

성령은 삼위일체三位一体 중에서 제 3위位의 하나님이십니다.

그는 하나님의 신성에 있어서 세 번째 인격이시며 한 인격으로 존재하십니다. 그러므로 성부 성자 성령은 이렇게 한 공동체이시며 한 목적을 지닌 삼위일체 하나님이십니다.

구약에서 하나님(야훼)의 영은 당시 왕과 예언자 그리고 제사장에게만 부어 주었습니다. 그러나 시간이 지난 후 하나님은 예수를 믿는 모든 사람에게 영(靈, 성령)을 부어 주셨습니다. 그리고 〈요엘 2장 28-29절〉 말씀의 약속을 하셨습니다.

"그런 뒤에 내가 내 영을 모든 사람에게 부어 주겠다 너희의 아들딸은 예언할 것이고, 너희의 노인은 꿈을 꿀 것이며, 너희의 젊은이는 환상을 볼 것이다

그 때에 내가 내 영을 종들에게 부어 주되 남자와 여자에게 모두 부어 주겠다" (쉬운성경)

성령 충만한 사람들

'바나바'는 어떤 사람이었나요?(행 11:24)

사도바울의 동역자인 바나바의 본명은 '요셉'이었지만, 사도들에 의해 '권위자', '위로의 아들'이라는 뜻의 '바나바'란 이름이 붙여졌습니다. 그는 부유한 유대인이며 구브로 섬 출신이었습니다.

바나바는 안디옥 교회에서 사역하던 중 다소에 있는 바울을 데리고 와서 함께 무리들을 가르쳤으며, 이들의 가르침을 받은 안디옥 사람들은 그리스도인이란 별명을 얻었습니다. '그리스도인Christians'이란 이름은 안디옥에서 시작되었습니다.

사도행전 11:26

사울을 찾은 바나바는 사울을 안디옥으로 데려왔습니다 두 사람은
일 년 동안, 교회에 머물면서 많은 사람을 가르쳤습니다 제자들은 안
디옥에서 처음으로 '그리스도인'이라고 불렸습니다 (쉬운성경)

바나바는 그 이름의 의미처럼 어느 곳에서든지 어려움을 당하고, 소
외당한 자들의 편에 서서 위로와 격려자가 되어 주었습니다.

사도행전 11:24

바나바는 착한 사람이요 성령과 믿음이 충만한 사람이라 이에 큰 무
리가 주께 더하여지더라

초대교회의 일곱 일꾼은 어떤 사람을 택했나요?(행 6:3)

사도행전 6:3

형제들아 너희 가운데서 성령과 지혜가 충만하여 칭찬받는 사람 일곱
을 택하라 우리가 이 일을 그들에게 맡기고

최초의 순교자 스데반은 어떤 사람이었나요?(행 6:4-5)

사도행전 6:4-5

우리는 기도하는 일과 하나님의 말씀을 가르치는 일에 온 힘을 기울
이겠습니다

모든 사람이 이 말을 좋다고 생각해서 믿음이 좋고 성령이 충만한 스데반을 비롯하여 빌립과 브로고로와 니가노르와 디몬과 바메나와 유대인으로 개종한 안디옥 사람 니골라를 뽑았습니다 (쉬운성경)

성령님을 의지하여 기도하기

"이 시간 고백합니다.

나는 성부 성자 성령 하나님의 존재를 믿으며,

성령님이 오늘 나와 함께 동행해 주시고,

성령님은 우리를 위해 친히 간구해 주십니다.

이 순간 기름 부으심이 머리부터 발끝까지 촉촉이 적셔주시는 은혜가 있게 하옵소서.

예수 그리스도의 이름으로 기름부음이 임할 찌어다. 아멘.

우리의 성령님은 지성과 감정 그리고 의지를 갖고 계십니다.

성령께서는 친히 죄인들의 심령에 역사하셔서 그들의 죄를 드러내시어 청산해 주십니다.

그리고 그리스도를 믿고 거듭나게 하시는 구원의 역사를 담당하고 계십니다.

나는 늘 성령 충만함으로, 예수 그리스도를 증거하며 항상 성령님을 인정하고 환영하며 나의 삶 중심에 모셔 들이어 의지하겠습니다.

예수님의 이름으로 기도드립니다. 아멘."

순전함과 온유함의 성령 충만함으로 말씀을 읽고 듣고 따라야 합니다. 그래야 좋은 결실을 맺습니다. 성령님은 성도를 지키고 보호하심으로 그리스도인을 지키고 보호하심으로 완성시키는 진리의 영입니다.

다음의 물음에 기쁘게 다함께 적고 나눠봅시다.

(1) 성령님을 체험한 경험이나 충만한 사람을 직접 본 적이 있습니까? 그들의 특징은 무엇입니까?

_____

_____

_____

_____

(2) 우리가 성령 충만해야 하는 이유와 성령 충만함이 주는 유익이 무엇입니까? 구체적으로 설명해 보십시오.

_____

_____

_____

_____

- 성공에 이르는 에세이 -

로렌스 형제 이야기

　로렌스 형제Brother Lawrence 이야기는 많은 사람들에게 영적 삶의 귀감이 되었습니다.

　18세에 기독교로 개종한 본명 니콜라스 헤르만Nicholas Herman 1611-1691은 얼어붙은 겨울에 마르고 잎이 떨어진 나무를 보면서, 곧 봄이 되면 그 나무는 물이 올라 새 생명이 싹트게 될 것이라는 것을 깨닫고는 진실이 영적으로 죽었다는 것을 알았습니다. 그리고는 하나님께 다시 태어나게 해달라고 간청했습니다.

　1666년에 니콜라스 헤르만은 과거의 죄 많은 그의 생활의 결과로써 하나님으로부터 많은 고통을 받기를 기대하면서 수도원에 들어갔습니다. 참회와 고통의 생활을 하면서 헤르만에게 '로렌스 형제'라는 이름을 주어졌습니다. 그러나 로렌스 형제의 믿음은 곧 시험에 빠지게 되었습니다. 왜냐하면 그는 취사장에 배치되었기 때문입니다. 선천적으로 음식과 부엌일은 솜씨가 없고 서툴렀습니다. 그에게 취사장의 일은 하나도 맞지 않았습니다.

로렌스 형제는 그 힘든 취사장의 임무를 어떻게 대처했을까요?
그는 기도로써 대처했고, 하나님과의 온전한 관계 안에서 답을 찾았습니다. 일을 기도로 시작했으며 하나님에 대한 사랑으로 임했습니다. 식사 후에도 감사함으로 기도하였습니다. 작은 것일지라도 사랑으로 행동했습니다.
그는 날마다 하나님의 임재하심을 실천하였습니다.
하루하루 하나님의 임재 연습에서 그 이유를 찾을 수 있었습니다. 어느 상황에서든지 하나님을 사랑하기 위해 아주 작은 일까지도 감사하며 만족하였습니다.
결국 로렌스 형제는 일상생활 속에서 하나님의 임재를 느끼며 살았습니다.

✝

- 나눔의 즐거움 -

이 장에서 얻은 깨달음과 마음에 은혜가 되었는지, 혹 어떤 변화나 결심을 하였다면 기도할 내용이 있는지, 각자의 생각과 느낌을 작성한 다음 그룹모임에서 함께 나눠봅시다.

_____

_____

_____

_____

_____

_____

_____

_____

_____

_____

_____

_____

_____

_____

4부

위대한 초대

– 하나님의 구원계획
'죄사함'

✝

‑ 바이블 갤러리 ‑

〈세상의 구세주Savior〉, 레오나르도 다 빈치, 1490년, 개인소장,
경매 최고가 5천억 원

세계적으로 유명한 '모나리자', '최후의 만찬' 등 수많은 작품을 그린 르네상스 천재 화가 레오나르도 다 빈치Leonardo da Vinci, 1452~1519는 신실한 신앙인이었다.

그의 작품 〈세상의 구세주〉는 그림 경매가 중 가장 비싼 가격인 약 5천억 원에 낙찰되었다. 왜 〈세상의 구세주〉 작품이 세상에서 가장 비싼 그림이 되었을까?

그 이유는 그분이 바로 천지 창조자이시며 무엇보다 하나님의 아들이시고 우주의 주인이시기 때문이다.

작품을 보면 예수님이 오른 손가락을 꼬아 축복을 기원하고 왼손으로는 둥근 천체를 감싸 쥔 그림을 그렸다. 이 분이 바로 우리의 구세주이시다.

Chapter 1_ 세상에서 가장 기쁜 소식

사망의 길에서 돌아서 가시오

사도행전 3:19
그러므로 너희가 회개하고 돌이켜 너희 죄 없이 함을 받으라 이같이 하면 새롭게 되는 날이 주 앞으로부터 이를 것이요

하나님께서 태초 에덴동산에 우리 인간을 창조하셨을 당시에는 모든 피조물 중에서 우리 인간은 완벽한 존재였습니다. 그래서 모든 자연

만물은 우리 인간을 위해 먼저 창조되었습니다.(창 1:3-25, 29) 이때만 해도 우리 인간은 하나님과 흠 없는 관계였습니다. 그런데 최초 인간 아담과 하와가 하나님께 불순종했습니다. 결국 한 사람, 즉 아담의 죄로 인하여 모든 사람이 하나님과 단절되게 되고, 그 좋았던 하나님과 관계가 깨지게 되었습니다.(창 3:1-6) 죄는 본질적으로 하나님과 관계가 깨진 것입니다.

인간은 이 원죄로 인해 깊은 상처를 받았고 죄짓는 성향을 갖게 되었습니다.(롬 3:23)

그리하여 죄의 결과를 낳게 됩니다.

· 우리의 영이 죽게 되었습니다.(엡 2:1, 요 3:6, 롬 8:9)
· 우리 안에 하나님의 형상이 심히 깨어지게 되었습니다.(렘 17:9, 사 61:1, 마 15:18-20)
· 하나님과 관계가 단절되었습니다.(창 2:17, 사 59:1-2, 엡 2:1)
· 악한 사탄 마귀의 영향 아래 놓이게 되었습니다.(롬 6:6, 고전 2:12, 엡2:2)
· 인생 갖가지 고통, 시련, 불행, 질병과 저주 등 인간의 모든 문제의 원인이 되었습니다.(창 3:16-19, 롬 3:10, 마 11:28)
· 그리고 사망, 즉 육체적인 죽음을 갖게 되었습니다.(창 3:19, 히 9:27)

그러나 그 깨진 형상과 하나님과의 단절을 회복시켜 주실 분은 오직 예수님뿐이십니다. 예수님께서 자신의 온몸으로 우리를 덮쳐주셨습니다.

이미 우리의 죄를 대속해 주심으로 깨진 하나님과의 관계를 회복시켜 주시어 온전한 구원에 이를 수 있게 되었습니다.(롬 3:25-26) 이제 하나님의 관계가 회복되었다는 것을 의심하지 않고 믿어 주님께 나아가는 것이 진짜 믿음입니다.

거듭 강조하지만 예수님께서는 이미 십자가 위에서 우리의 모든 죄를 대신하여 십자가에 못 박아주셨고 사해주셨습니다.(눅5:17-26, 고후 5:21, 벧전 3:18) 그러므로 우리는 예수님의 십자가 은혜로 말미암아 하나님과 화목하게 되었고, 관계도 온전히 회복되었습니다. 이 사실을 믿으시기를 바랍니다.

함께 다음의 말씀을 읽어봅시다.

로마서 3:23

모든 사람이 죄를 범하였으매 하나님의 영광에 이르지 못하더니 (개역개정)	모든 사람이 죄를 지었기 때문에 하나님이 주셨던 본래의 영광스러운 모습을 잃어버렸습니다 (공동번역)	모든 사람이 죄를 지어 하나님의 영광스러운 표준에 미치지 못하였으나 (현대인)	모든 사람이 죄를 지어 하나님의 영광에 이를 수 없게 되었습니다 (쉬운성경)

본 어게인Born Again

우리의 생명보다 소중한 것은 세상 어디에도 없습니다. 그런데 이 값진 영생을 얻기 위해서는 반드시 영적으로 다시 태어나지Born Again 않으면 안 됩니다. 거듭난 그리스도인born again Christian이 돼야 합니다.

우리말 성경 '거듭남'(요 3:3)이라고 번역된 단어는 헬라어로 "아노덴$\alpha\nu$ $\omega\theta\varepsilon\nu$"입니다. 이는 '위로부터, 높은 곳에서부터, 새롭게, 다시'의 뜻이 있습니다. 그러므로 거듭난 신앙인은 위로부터 다시 태어난 영적인 신분이 되었다는 것입니다Born Again. 거듭난 사람은 옛사람의 생각을 과감히 버리고 자연히 행동도 달라져야 합니다. 또한 쉽게 좌절하거나 낙심하지 아니하며 죄를 짓지 말아야 합니다.

예수님의 삶과 죽음과 부활에 관한 소식은 세상에서 가장 기쁜 소식입니다. 그 복음의 예수님은 "살아계신 하나님의 아들"(마 16:16)이십니다.
이제 누구든 예수님을 하나님의 아들 구세주로 영접함으로 다시 영적인 사람으로 거듭 태어나는 것입니다. 예수님의 은혜로, 십자가 죽으심으로, 죄사함으로 말미암아 하나님나라의 신분으로 바뀌었습니다.

히브리어로 '예수'는 '하나님이 구원하신다'는 뜻입니다.

다음의 말씀을 묵상해 봅시다.

요한복음 3:3

In reply Jesus declared, "I tell you the truth, no one can see the kingdom of God unless he is born again" (NIV)	그래서 예수님은 니고데모에게 '내가 분명히 너에게 말하지만 누구든지 다시 나지 않으면 하나님의 나라를 볼 수 없다' 하고 대답하셨다 (현대인)	Jesus answered and said unto him, Verily, verily, I say unto thee, Except a man be born again, he cannot see the kingdom of God (KJV)	예수께서 대답하여 이르시되 진실로 진실로 네게 이르노니 사람이 거듭나지 아니하면 하나님의 나라를 볼 수 없느니라 (개역개정)

Chapter 2_ '죄'가 갈라놓음

이 세상 모든 것 가운데 가장 소름 끼치는 것이 '죄'입니다. 이 '죄罪'라는 단어는 뱀의 '쉬~' 소리와 함께 그 독 이빨에 찔리는 경험을 가지게 되었습니다. 그래 모든 슬픔과 고난과 죽음은 죄의 결과입니다. 예수 그리스도께서 세상에 오신 것은 바로 이 죄의 문제를 해결해 주시기 위해 몸소 육신이 되시어 이 땅에 오신 것입니다. 죽음의 죄로부터 완전한 해방을 주시기 위함이십니다.

모든 인간은 나면서부터 '원죄'라는 영적 죄를 갖고 태어났기 때문에 영적으로 거듭나지 않으면 안 됩니다. 누구나 다 원죄를 갖고 태어났습니다.

그래서 〈로마서 3장 23절〉은 이렇게 말씀하십니다.

로마서 3:23

모든 사람이 죄를 범하였으매 하나님의 영광에 이르지 못하더니 (개역개정)	모든 사람이 죄를 지어 하나님의 영광스러운 표준에 미치지 못하였으나 (현대인)	모든 사람이 죄를 지었기 때문에 하나님이 주셨던 본래의 영광스러운 모습을 잃어버렸습니다 (공동번역)

죄가 우리와 하나님 사이를 갈라놓음

인간의 죄는 어떤 결과를 가져왔습니까?

인간은 죄로 말미암아 하나님과 관계는 단절되었고 악한 사탄 마귀가 세상을 다스리게 되었습니다.

요한일서 3:8

죄를 짓는 자는 마귀에게 속하나니 마귀는 처음부터 범죄함이라 하나님의 아들이 나타나신 것은 마귀의 일을 멸하려 하심이라

베드로전서 5:8

근신하라 깨어라 너희 대적 마귀가 우는 사자 같이 두루 다니며 삼킬 자를 찾나니

요한계시록 12:9

큰 용이 내쫓기니 옛 뱀 곧 마귀라고도 하고 사탄이라고도 하며 온 천
하를 꾀는 자라 그가 땅으로 내쫓기니 그의 사자들도 그와 함께 내쫓
기니라

죄가 하나님과 우리 사이를 갈라놓았습니다. 이 문제를 해결해 주실
분은 오직 예수님뿐이십니다. 그분을 통해서만 하나님께 나아가 보고
듣고, 믿음으로 우리 죄를 용서받을 수 있게 됩니다.

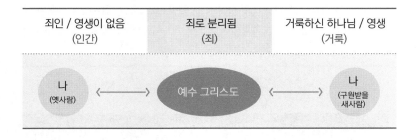

위 표에서 보듯이 죄를 지니고는 그 어떤 사람도 하나님께 직접 나아
갈 수 없습니다. 인간의 노력이나 선행, 종교의식, 도덕 등 그 어떤 것으
로도 불가능합니다. 오직 십자가의 피로 말미암아 죄를 훌훌 털어버리
고, 죄씻음 받음으로 하나님 앞으로 나아갈 수 있습니다.(행 2:37) 이것이
우리에게 주시는 하나님의 가장 위대한 선물입니다.

오직 너희 죄악이 너희와 너희 하나님 사이를 갈라 놓았고 너희 죄가 그의 얼굴을 가리어서 너희에게서 듣지 않으시게 함이니라 (개역개정)	다만 너희의 죄악이 너희와 너희 하나님을 갈라 놓은 것이며, 너희 죄 때문에 주께서 너희에게 등을 돌리셨고, 너희 말을 들어 주지 않으신 것이다 (쉬운성경)	But your iniquities have separated you from your God: your sins have hidden his face from you, so that he will not hear (NIV)
너희 죄가 너희를 하나님과 분리시켜 놓았기 때문에 그가 너희를 외면하고 너희 부르짖음에 귀를 기울이시지 않는 것이다 (현대인)	너희가 악해서 너희와 하느님 사이가 갈라진 것이다. 너희가 잘못해서 하느님의 얼굴을 가려 너희 청을 들으실 수 없게 된 것이다 (공동번역)	오직, 너희 죄악이 너희와 너희의 하나님 사이를 갈라놓았고, 너희의 죄 때문에 주님께서 너희에게서 얼굴을 돌리셔서, 너희의 말을 듣지 않으실 뿐이다 (새번역)

실천과제 주요 영적 과제

기쁜 맘으로 아래의 과제를 학습해 주시기를 바랍니다.

(1) 읽고 암송할 말씀: 요한1서 5:11-13, 요한복음 14:6

(2) 주기도문을 암송하여 기도하기

(3) 사도신경을 암송하여 기도하기

성경은 신구약 66권(구약 39, 신약 27)으로 편의를 위해 모두 다 장과 절로 구분하여 표기하였다. 그리고 성경의 부분별 책 이름을 줄여서 표기한다.

예를 들어,

* 창세기 = 창 5장 3절 → 창 5:3
* 마태복음 = 마 12장 8절 → 마 12:8
* 시편 = 시1편 3절 → 시 1:3

그 밖에,

* 사(이사야), 수(여호수아), 벧전(베드로전서), 롬(로마서), 계(요한계시록) 등

* 구약 성경 원본: 히브리어, 아랍어

* 신약 성경 원본: 그리스어

* 영어 성경 번역: NIV, KJV, NASB, ESV, NLT, CEB 등

* 한글 성경 번역: 개역개정, 공동번역, 새번역, 현대인, 쉬운성경, 표준새번역, 개역한글, 한글킹제임스성경, 킹제임스흠정, 우리말성경, 바른성경, 주석성경 등

Chapter 3_ 구원에 이르는 신앙고백

원죄에 관하여

요한복음 1:12

영접하는 자 곧 그 이름을 믿는 자들에게는 하나님의 자녀가 되는 권세를 주셨으니 (개역개정)	그러나 누구든지 그분을 영접하는 사람들, 그분의 이름을 믿는 사람들에게는 하나님의 자녀가 되는 자격을 주셨습니다 (쉬운성경)

원죄原罪는 말 그대로 인간은 원래 죄를 가지고 있다는 뜻입니다. 첫 인간인 아담의 범죄 이후 인류는 원죄original sin를 가지고 태어났습니다. 결국 인간의 처음 조상인 아담의 범죄 때문에 인간은 누구나 태어

날 때부터 죄를 가지고 태어난 것입니다. 그 한 사람 아담으로 말미암아 심판과 정죄와 사망을 당하게 되었습니다.(롬 5:12-17)

이렇게 죄인이 된 인간은 그 모든 원죄를 용서함 받고 온전한 하나님나라 백성이 되기 위해서는 반드시 거듭남의 은혜를 받아야 합니다. 그래야 옛사람의 신분에서 벗어나 거듭난 영적 하나님의 자녀로 바뀌게 됩니다.(엡 2:13-19)

예수님은 우리의 거듭난 믿음을 원하시며 그가 우리의 구세주임을 믿고 고백할 때 우리에게 구원이라는 큰 선물을 주십니다.(엡 2:8-9)

죄로부터 벗어나 예수님께 나아가기

아담과 하와의 범죄	→	하나님과 인간과의 분리	→	예수님의 사랑과 희생	→	영원한 생명의 길

(1) 죄란 무엇인가?(요일 3:4, 5:17)

(2) 죄는 어디에서 인간에게 들어오게 되었는가?(창 3:1-19)

(3) 누가 죄를 짓게 했는가?

(4) 최초로 죄를 범한 두 사람은 누구인가?

(5) 죄인이 구원받기 위해 반드시 해야 하는 것에는 어떤 것이 있는가?
    (히 5:8-9)

다음의 말씀을 읽고 묵상해 봅시다.

갈라디아서 2:20

나는 그리스도와 함께 십자가에 못박혔습니다 이제 살고 있는 것은 내가 아닙니다 그리스도께서 내 안에서 살고 계십니다. 내가 지금 육신 안에서 살고 있는 삶은, 나를 사랑하셔서 나를 위하여 자기 몸을 내어 주신 하나님의 아들을 믿는 믿음 안에서 살아가는 것입니다 (새번역)

구원에 이르는 고백

이 시간 다함께 힘차게 고백합시다.

우리 모두는 하나님 앞에 죄인입니다.

이 죄를 지니고는 하나님 앞으로 나아갈 수가 없습니다.

죄로 인해 하나님과 관계를 잃어버린 자이며 불완전한 존재입니다.

이 상태로 죽는다면 우리는 영원히 잃어버린 존재가 되고 말 것입니다. 끔찍한 생각이지만 사실입니다.

악한 마귀의 계략에 의해 우리는 하나님을 떠나 죄 짓게 만들었습니다.(창 3:6) 그래서 우리가 죄를 지으면 마귀의 지배를 받게 됩니다.(롬 6:17) 악한 사탄 마귀는 우리에게 고통을 주고 종말적인 파멸을 가져오게 합니다.

그러나 우리의 죄가 십자가의 은혜를 받으면 제거되고 역전이 되어 사탄 마귀는 우리의 발아래에 놓여 있게 됩니다. 이 얼마나 놀라운 기쁜 소식입니까?

우리에겐 구세주이신 예수님이 함께해 주십니다.

우리가 그 구세주 예수님을 믿고 바라보며 그분의 뜻을 순종한다면, 우리는 곧바로 모든 더러운 죄를 씻음 받고 하나님과의 관계를 회복시켜 주십니다.

죄사함(용서)을 받고 십자가의 은혜로 하나님 앞에 나아가 회개하고 영광을 돌릴 수 있습니다.

하나님과의 끊어진 관계가 예수님의 은혜로 회복되어지게 됩니다.

하나님의 자녀로 택해져 구원을 받게 됩니다.
죄를 이기신 예수님께 진심으로 감사드립니다.

이 시간 〈요한복음 3장 17절〉 말씀을 읽고 고백합니다.
"그를 믿는 자는 심판을 받지 아니하는 것이요 믿지 아니하는 자는 하나님의 독생자의 이름을 믿지 아니하므로 벌써 심판을 받은 것이니라"

이번에는 〈로마서 5장 8절〉 말씀을 읽고 고백합니다.
"우리가 아직 죄인 되었을 때에 그리스도께서 우리를 위하여 죽으심으로 하나님께서 우리에 대한 자기의 사랑을 확증하셨느니라"

예수님 감사드립니다. 아멘.

Chapter 4_ 구원에 이르는 4단계

어떻게 하면 구원을 받을 수 있습니까?

믿음으로 구원받는 것은 아주 쉽습니다.

다음 〈구원에 이르는 4단계〉의 사실을 믿고 따르면 누구나 예수님을 영접하고 하나님의 자녀가 되는 은혜를 입을 수 있습니다. 이는 죽었던 우리의 영혼이 예수님의 죄 사함으로 말미암아 새 생명을 얻는 것입니다. 신앙고백과 세례를 통해 완전한 하나님의 자녀가 되는 것입니다.(고후 5:17) 그리고 성령님이 내주하시어 우리를 다스리게 됩니다. 이는 새 생명을 얻었다는 증거입니다.(요 14:16) 천국 백성이 되었다는 것입니다.
(롬 5:2)

다음 단계의 말씀을 직접 성경에서 찾아 읽고 적어봅시다.

구원에 이르는 4단계

1. 예수 십자가의 은혜로 말미암아 죄에서 구원을 받습니다

골로새서 1:14

_____

_____

우리는 이 아들이 피 흘린 대가로 자유를 얻고 죄를 용서받았습니다

(현대인)

그 아들 안에서 우리가 속량 곧 죄 사함을 얻었도다 (개역개정)

2. 예수님을 구주로 영접하면 하나님의 자녀가 되어 천국 시민권을 가지게 됩니다

요한복음 1:12

_____

_____

그러나 그분은 자기를 영접하고 믿는 사람들에게는 하나님의 자녀가 되는 특권을 주셨다 (현대인)

영접하는 자 곧 그 이름을 믿는 자들에게는 하나님의 자녀가 되는 권세를 주셨으니 (개역개정)

3. 예수님을 영접함으로써 성령이 우리 안에 거하며 영원한 새 생명을 얻게 됩니다 하나님이 예비하신 풍성한 새 삶이 시작됩니다

요한복음 10:10

도둑이 오는 것은 양을 훔쳐다가 죽여 없애려는 것뿐이다 그러나 내가 온 것은 양들이 생명을 얻되 더욱 풍성히 얻도록 하기 위해서이다 (현대인)

도둑이 오는 것은 도둑질하고 죽이고 멸망시키려는 것뿐이요 내가 온 것은 양으로 생명을 얻게 하고 더 풍성히 얻게 하려는 것이라 (개역개정)

4. 이때 모든 죄와 저주에서 해방되고 사탄의 권세에서도 이기게 됩니다 그러므로 이제부터는 악한 사탄 마귀를 두려워할 필요가 없습니다 예수님의 이름으로 대적하면 됩니다

로마서 8:2

이것은 그리스도 예수님을 통해서 생명을 주시는 성령님의 능력이 죄
와 죽음의 굴레에서 여러분을 해방시켜 주셨기 때문입니다 (현대인)
이는 그리스도 예수 안에 있는 생명의 성령의 법이 죄와 사망의 법에
서 너를 해방하였음이라 (개역개정)

예수님의 이름으로 말씀을 믿고 고백합니다. 아멘.

실전 영접기도 드리기

영접기도는 예수님을 나의 구주로 인정하는 행위입니다.
이 시간 하나님의 자녀 됨을 결단합시다. 구원받는 것은 대단히 쉽습
니다.
지금 예수님을 구주로 영접하면 곧바로 구원을 받습니다. 믿음을 가
지고 예수님을 나의 구주로 고백하시면 됩니다. 지금 예수님을 영접하
십시오.

예수님을 영접하는 기도문

"오 사랑하시는 주님,
저는 죄인입니다.

이 시간 예수님을 저의 구세주로 모시고자 합니다.
내가 어디에서 와서 왜 살며,
어디로 가는지 알지 못하고 방황하며 지냈습니다.
오늘 하나님의 부르심을 받고 믿음으로 다시 결단합니다.

예수님의 십자가 보혈로 죄를 씻어 주시옵소서.
저를 위하여 죽으시고 저를 위하여 부활하신,
예수님을 제 구주로 모셔드립니다.

지금부터 영원토록 주님과 함께 살도록 하겠습니다.
하나님은 내 아버지가 되셨습니다.
예수님은 나의 구주가 되셨습니다.
저는 하나님의 자녀가 되었습니다.
저를 구원해 주시니 감사합니다.
이제부터 하나님의 뜻에 순종하며 살게 도와주십시오.

예수님 이름으로 기도드립니다. 아멘."

요한복음 3:16

하나님이 세상을 이처럼 사랑하사 독생자를 주셨으니 이는 그를 믿는
자마다 멸망하지 않고 영생을 얻게 하려 하심이라 (개역개정)

어메이징 그레이스

찬송가 305장 "나 같은 죄인 살리신"(Amazing Grace: 어메이징 그레이스)의 작사자인 존 뉴턴1725-1807은 한때 이교도였고, 탕자였으며, 노예 상인이었습니다.

그러나 그는 자신이 그토록 부인하던 예수 그리스도를 믿게 된 후, 43년간 성공회 신부로 헌신하였습니다.

뉴턴이 여섯 살 때, 그의 어머니가 세상을 떠나자 뱃사람이었던 그의 아버지는 이듬해에 재혼하였습니다. 그때부터 뉴턴의 삶은 삐뚤어지기 시작했습니다. 아버지를 따라 항해를 자주 하게 되면서 배 선원들의 거친 성격이 몸에 밴 것입니다.

한번은 뉴턴이 친구와 함께 군함에 승선하기로 약속했는데 항구에 늦게 가는 바람에 배는 이미 출항하고 없었습니다. 그 배는 불행하게도 얼마 지나지 않아 파선하여, 그의 친구와 많은 사람들이 목숨을 잃었습니다.

이 일을 계기로 뉴턴은 자신의 생명을 보호하신 하나님께 감사하는 마음으로 작은 금식과 채식을 하며 성경 읽기와 묵상, 기도에 많은 시간을 들였습니다. 그러나 잠시뿐, 다시 밤이 새도록 술을 마시며 여인들과 어울렸습니다. 이후 전쟁이 발발하여 뉴턴은 군인이 되었습니다.

뉴턴은 부대에서 나쁜 행동을 서슴없이 저질렀고 탈영하다가 잡혀 중범죄자가 되기도 했습니다. 그러다가 포로로 잡혀 15개월 동안 노예 무역의 일꾼으로 일하게 되었고, 나중에는 아예 노예선의 선장이 되어 노예를 사고 파는 일을 지휘하였습니다. 그러던 어느 날, 뉴턴이 노예무역을 끝내고 고향으로 돌아오는 길에 큰 폭풍우를 만나 배가 파선되었습니다.

뉴턴은 "주여, 우리에게 자비를!" 하고 애타게 주님을 부르짖었습니다. 배가 파선되어 표류하다가 4주 만에 뉴턴과 선원들은 기적적으로 모두 구조되었습니다.

이 일을 통해 뉴턴은 하나님께서는 기도를 들으시고 응답하신다는 것을 알게 되었습니다.

이후 뉴턴은 노예무역을 그만두었고 자신에게 베푸신 하나님의 은혜를 전파하기 위해 1755년 성공회 사제 서품을 받았습니다.

　1779년, 뉴턴은 자신의 생애를 되돌아보며 그가 만난 주님을 찬양하는 마음으로 "나 같은 죄인 살리신"이라는 찬송가를 작사했습니다.

　뉴턴은 훗날 생을 마감하면서 자신의 묘비에 다음의 글귀를 적어달라고 유언했습니다.

　"한때 이교도였고 탕자였으며 아프리카 노예상인이었던 존 뉴턴은 우리 주 예수 그리스도의 풍성하신 자비로 말미암아 용서받고 크게 변화되어 마침내 성직자가 되었습니다.

　자신이 그토록 오랫동안 부인했던 바로 그 믿음을 전파하며 버킹검에서 16년간, 올니교회에서 27년간 하나님을 섬겼습니다."

✝

- 나눔의 즐거움 -

    이 장에서 얻은 깨달음과 마음에 은혜가 되었는지, 혹 어떤 변화나 결심을 하였다면 기도할 내용이 있는지, 각자의 생각과 느낌을 작성한 다음 그룹모임에서 함께 나눠봅시다.

_____

_____

_____

_____

_____

_____

_____

_____

_____

_____

_____

_____

_____

_____

5부

위대한 초대

– 하나님의 선물
'구원'

†

〈광야의 유혹〉, 후안 데 플란데스, 1500년, 목판에 유채,
21x16cm, 미국 워싱턴 국립미술관 소장

미국의 기독교 철학자 프란시스 쉐퍼Francis Schaeffer는 자신의 책 〈그러면 우리는 어떻게 살 것인가?〉에서 "우리는 하나님의 말씀으로 돌아가야 합니다"라고 말했다. 오늘날 우리에게 필요한 것은 복음이신 주님께 돌아가는 것이다.

네덜란드 화가 후안 데 플란데스Juan de Flandes, 1465-1519는 스페인에서 활동한 화가이다. 그는 악마의 모습을 광야의 풍경을 배경으로 프란치스코회 수도복을 입은 수사의 모습으로 나타냈다. 악마는 머리에 두 개의 뿔을 달고 불길하게 기다란 매부리코에, 자세히 보면 발은 물갈퀴 모습으로 오른손에는 묵주를 왼손에는 돌덩이를 들고 음흉한 미소를 지으며 예수님께 다가가 유혹하고 있다. 그런데 검푸른 옷을 입은 예수님께서는 손을 들어 악마의 유혹에 대응하고 있다. 그가 악마임을 감지한 예수님께서는 악마의 접근에 침착하게 말씀으로 대응하신다.(마 4:1-4)

Chapter 1_ 위대한 물음

　몇 년 전, 강한 물살에 나이아가라 폭포에서 배가 뒤집혔습니다. 그 바람에 두 사람이 갑자기 떠내려가게 되었습니다. 마침 강가에 있던 어떤 사람이 밧줄을 던졌습니다. 두 사람 중에 한 명은 황급히 밧줄을 잡아서 무사히 육지로 올라왔습니다. 그러나 또 한 명은 마침 그때 그의 옆으로 떠내려 오는 통나무를 보았고 어리석게도 밧줄을 버리고 통나무에 몸을 던져 매달렸습니다. 통나무가 두 사람보다 훨씬 커서 매달리는 것이 더 낫다고 생각했던 것입니다.

　그러나 끝내 비극이 되었습니다. 통나무와 육지 사이에 연결점이 없었기 때문입니다. 매달려 있던 통나무가 아무리 커도 생명을 구하는 데는 아무 유익이 되지 못했습니다. 물살에 휩쓸리는 통나무는 쓸모가 없었습니다.

마찬가지로 어떤 사람이 자신의 행위나 선행, 또는 다른 것을 신뢰한다면 그는 절대로 구원받지 못할 것입니다. 그런 것에는 생명이신 예수 그리스도와 관계를 맺게 해주는 그 어떤 연결점도 없기 때문입니다.

영원한 생명

구원의 경로 예수 그리스도를 따르는 믿음은 우리를 하나님께 의지하게 하여 하나님과 연결을 갖도록 해서 우리를 구원합니다. 마치 예수 그리스도를 믿는 믿음은 깊은 물에 빠진 사람을 구하여내는 밧줄과도 같습니다.

여기 세상에서 가장 위대한 물음이 있습니다.
"당신은 어디에서 영원을 보낼 것입니까?"
아래 〈요한1서 5:11-13〉 말씀을 통해 그 해답을 찾을 수 있습니다.

"또 증거는 이것이니 하나님이 우리에게 영생을 주신 것과 이 생명이 그의 아들 안에 있는 그것이니라

아들이 있는 자에게는 생명이 있고 하나님의 아들이 없는 자에게는 생명이 없느니라

내가 하나님의 아들의 이름을 믿는 너희에게 이것을 쓰는 것은 너희

로 하여금 너희에게 영생이 있음을 알게 하려 함이라" (개역개정)

"그 증거는 하나님이 우리에게 영원한 생명을 주신 것과 이 생명이 그분의 아들 안에 있는 이것입니다

하나님의 아들을 모신 사람은 생명을 가졌으나 아들을 모시지 않은 사람은 생명이 없습니다

나는 하나님의 아들을 믿는 여러분이 영원한 생명을 가졌다는 것을 알게 하려고 이 글을 씁니다" (현대인)

인간의 가장 궁극적 문제는 다음의 물음일 것입니다.
각자 스스로가 답해보십시오.

◆ "만일 당신이 오늘이라도 죽는다면 천국에 들어갈 수 있다고 확신합니까?"

◆ "영생은 어떻게 소유할 수 있습니까?"

◆ "영생이 없는 사람은 누구입니까?"

구원은 내가 예수 그리스도를 온전히 믿음으로 얻게 되는 것입니다. 그러므로 '구원Salvation'이라는 말은 '건져 낸다'는 뜻으로 **죽음에서 생명을 얻는 것**입니다. 즉 영원한 생명을 의미합니다.

로마서 8:1-2

그러므로 이제 그리스도 예수 안에 있는 사람은 정죄를 받지 않습니다 그것은 그리스도 예수 안에서 생명을 주시는 성령의 법이 죄와 사망의 법에서 여러분을 해방시켰기 때문입니다 (쉬운성경)

참된 목자이신 예수님이 이 땅에 오신 이유는?

은혜로 생명을 얻되 양들의 삶이 차고 넘쳐서 더 풍성히 얻게 함입니다. 이것이 예수님이 오신 목적입니다. 양들을 보다 더 잘 돌보고 푸른 초장으로 인도하여 꼴을 먹이고 양들이 포동포동 살지게 하기 위함입니다.(요 10:10) 그러므로 생명의 길은 오직 한 길뿐입니다.

요한복음 10:10

도둑은 다만 훔치고 죽이고 파괴하려고 오는 것뿐이다
나는, 양들이 생명을 얻고 또 더 넘치게 얻게 하려고 왔다 (새번역)

Chapter 2_ 구원은 하나님의 선물

죄에서 돌이킨 사람은 참된 길을 찾아야 합니다. 그 길은 예수 그리스도라는 일방통행의 길뿐입니다. 〈요한복음 14장 6절〉 말씀입니다.

"예수께서 이르시되 내가 곧 길이요 진리요 생명이니 나로 말미암지 않고는 아버지께로 올 자가 없느니라"

모든 죄 값을 예수님이 치르심으로 우리는 죄사함을 받았습니다.(엡 1:7) 하나님의 은혜와 그분의 특별하신 사랑으로 죄의 용서를 받았습니다.(엡 2:8-9) 과거의 죄, 현재의 죄, 미래의 죄까지 말입니다.

에베소서 1:7

그리스도 안에서 우리는 그의 보혈로 자유함을 얻었습니다 또한 하나
님의 풍성한 은혜로 죄사함도 받았습니다 (쉬운성경)

에베소서 2:8-9

여러분은 하나님의 은혜 안에서 믿음으로 구원을 받았습니다 여러분
스스로는 자신을 구원할 수 없습니다 구원은 하나님의 선물입니다 또
한 착한 행동으로 구원받은 것이 아니므로 아무도 자랑할 수 없습니다
(쉬운성경)

구원은 하나님께서 우리에게 거저주신 선물입니다. 누구나 그 선물
을 받아볼 수 있습니다. **우리가 지불한 것이 아니라 아무리 비싸도 구
원의 선물은 거저 받는 것입니다. 그 선물의 대가는 하나님 편에서 비
싸게 지불하셨습니다.** 그 값은 인간으로서는 도저히 치를 수 없을 만
큼 비쌉니다. 하나님께서는 우리를 구원하시려고 하나님의 아들 독생
자 예수를 보내어 십자가에 못 박혀 피 흘려 죽게 하셨습니다.

예수 그리스도의 피 흘리심으로, 우리의 죄는 사함을 입었습니다. 그
사실을 믿는 것, 십자가 사건을 믿는 것이 하나님의 선물을 받아 소유
하는 것입니다. 하나님께서 주신 선물을 받는 것, 즉 구원을 하나님께
서 주시면 "예, 감사합니다" 하고 받는 것이 믿음입니다.

구원은 주님의 은혜로 값없이 주어지는 것이므로 구원을 받은 사람

<u>은 기쁨과 감사로 주님을 섬길 수 있게 되는 것입니다.</u>

나는 구원을 받았습니다

구원이란 우리의 영적 신분이 새롭게 태어나는 것, 즉 거듭남을 의미합니다. 육적 신분에서 영적 신분으로 바뀌는 것입니다. 그리고 하나님의 자녀가 되었다는 의미입니다. 그러므로 예수 그리스도의 죽음과 부활을 믿는 사람들에게 영원한 생명을 주시는 하나님의 은혜의 역사를 말합니다. 따라서 구원받은 사람은 속사람(영혼)이 거듭나서 이미 영생을 소유하고 있는 사람입니다.

구원은 어디까지나 하나님과 나 사이의 일대 일(1:1)의 관계 속에서 주어지는 개별적인 사건이며 은혜입니다. 인간이 구원에 이르는 길은 복잡하거나 어렵지 않습니다. 또한 복잡하거나 어려워서도 안 됩니다. **구원은 오직 하나님의 아들 예수가 인류의 구원자 메시아(주님)라는 사실을 믿고 따르는 것입니다.** 이 믿음 외에 아무것도 필요치 않습니다.

구원은 '단 번에 받는 것'(롬 6:10, 히 7:27) 예수님이 십자가에서 피 흘려 죽으신 사건을 받아들이면 구원은 단 번에 이루어지는 것입니다. 이 구원은 하나님이 믿음의 사람들에게 주시는 선물입니다.(엡 2:8) 선물은 그냥 손을 내밀어 감사히 받기만 하면 되는 것입니다.

로마서 6:10

그가 죽으심은 죄에 대하여 단번에 죽으심이요 그가 살아 계심은 하나님께 대하여 살아 계심이니 (개역개정)

요한복음 3:16

하나님이 세상을 이처럼 사랑하사 독생자를 주셨으니 이는 그를 믿는 자마다 멸망하지 않고 영생을 얻게 하려 하심이라

확인학습 구원이 주는 은혜

구원은 내 대신 하나님께서 대가를 치루신 선물이므로 귀하게 받으면 되는 것입니다. 그러므로 구원이 주는 은혜는 다음과 같습니다.

(1) 주님이 값없이 주시는 은혜

(2) 우리의 영과 신분이 새롭게 바뀌는 은혜

(3) 하나님과 나 사이의 1:1의 관계에서 회복되어 얻은 은혜

(4) 구원의 길에 이르는 가장 쉬운 은혜

(5) 단 한 번에 이루어지는 은혜

구원의 성취 질문하기

혹 누군가가 당신에게 다음의 질문을 받는다면,

- ◆ "당신은 영생이 있음을 믿습니까?"
- ◆ "당신은 하나님의 자녀입니까?"
- ◆ "당신은 천국 백성이 맞습니까?"

구원에 확신이 있는 사람은 언제든지 즉시 대답할 수 있어야 합니다. 굳이 머뭇머뭇 거릴 필요가 없습니다.

"예, 그렇습니다. 나는 예수님의 피(은혜)로 말미암아 거듭난 하나님의 백성이 되었습니다. 이 사실을 믿습니다. 아멘."

이제 구원에 대한 확신을 갖고 살아갑시다. 구원은 절대로 인간의 의나 선행, 그 어떤 행위로도 받을 수 없습니다. 죄인이 구원받기 위해서는 죄 없으신 **"예수님의 피"**를 믿음으로 접붙임을 받아야만 합니다.

이 사실은 구원받은 우리의 고백이 되어야 합니다.

"하나님이 죄인 된 나를 구원하기 위해 독생자 예수 그리스도를 이 땅에 보내시고 우리 죄를 대속하기 위하여 피 흘려 십자가에 돌아가셨음을 믿습니다. 따라서 나는 구원을 얻었습니다."

구원에 관한 성경 말씀 찾아 적기

다음의 성경 말씀을 직접 찾아서 소리 내어 읽고 필사하여 숙지함으로서 더욱 구원의 확신을 갖게 됩니다.

에베소서 1:7

_____

_____

디모데후서 4:18

_____

_____

로마서 6:14

_____

_____

요한일서 5:13

_____

_____

한 번 더, 아래에 제시한 말씀을 읽고 확신차게 고백해 봅시다. 구원의 확신을 갖게 될 것입니다. 단지 믿음으로 순종하여 말씀을 크게 소리 내어 읽어봅시다.

[다음 말씀을 큰 소리로 읽기]

1. 먼저 나의 죄를 회개해야 한다

마태복음 4:17
이 때부터 예수께서 비로소 전파하여 이르시되 회개하라 천국이 가까이 왔느니라 하시더라

2. 예수 그리스도를 믿어야 한다

요한복음 3:16
하나님이 세상을 이처럼 사랑하사 독생자를 주셨으니 이는 그를 믿는 자마다 멸망하지 않고 영생을 얻게 하려 하심이라

3. 지금 이 시간에 예수 그리스도를 나의 구주로 영접한다

요한복음 1:12
영접하는 자 곧 그 이름을 믿는 자들에게는 하나님의 자녀가 되는 권세를 주셨으니

누군가 찾아와 우리 집의 대문을 두드렸을 때, 신분을 확인하고 집 안으로 모셔 들이는 것을 **"영접한다"**라고 말합니다. 마찬가지로 예수님께서 내 마음의 문을 두드리며 "내가 너에게 들어가도 되겠니?" 하시며 찾아오실 때 반갑게 맞이해야 합니다.

"예, 어서 들어오세요! 환영합니다"라며 예수님을 영접하는 것입니다.

기억해 주십시오.

"예수님께서 나의 죄를 위하여 십자가에 죽으셨음을 믿습니다.

저를 구원해 주시니 감사합니다.

아멘."

Chapter 3_ 구원을 얻을 수 있는 법

내가 어떻게 구원받았다고 알 수 있을까요?

우리 인생은 짧게는 70-80년, 길게 사는 인생은 90-100년이지만 그리 주도적인 삶을 누리지 못하며 사는 나그네입니다. 우리는 그저 한정적인 삶의 죽음이라고 하는 종착역을 향해 나아가는 나그네로서, 현재를 거쳐 죽음이라는 종착역을 향해 달리고 있습니다. 그런데 구원에 확신을 가지고 있는 사람은 이 종착역에 대해 불안해하거나 초조해하지 않습니다. 아주 편안하게 기쁨으로 맞이한답니다. 그 이유는 그곳이 최종 종착역이 아니기 때문입니다.

먼저 당신에게 구원의 확신을 얻는 데 도움이 될 만한 세 가지 사실을 말씀드리고자 합니다.

다음 아래의 말씀을 찾아 읽고 쓰고 외워봅시다.

1. 구원을 얻을 수 있는 방법

사도행전 16:17
그가 바울과 우리를 따라와 소리 질러 이르되 이 사람들은 지극히 높
은 하나님의 종으로서 구원의 길을 너희에게 전하는 자라 하며

_____

_____

2. 구원에 관한 지식

누가복음 1:77
주의 백성에게 그 죄 사함으로 말미암는 구원을 알게 하리니

_____

_____

3. 구원을 통한 기쁨

시편 51:12
주의 구원의 즐거움을 내게 회복시켜 주시고 자원하는 심령을 주사
나를 붙드소서

_____

_____

그렇다면 구원받은 상태는 어떤 것입니까?

예수를 믿고 구원받았다는 말은 죽었던 영혼이 새 생명을 얻었다는 말입니다. 그런데 사람들은 아무 종교나 가지면 구원받는 것으로 착각합니다. 선을 행한다고, 또 교회에 등록했다고, 기도를 많이 했다고 구원을 받는 것이 아니라 죄의 신분이 바뀌어 주님이 내 안에 내주하셔야 합니다. 이로서 하나님의 자녀입니다.(롬 8:16) 즉 천국의 시민권을 가진 자입니다.(빌 3:20)

그럼 주 예수 그리스도를 믿은 사람이 어떻게 영생을 얻었다(구원받았다)는 것을 분명히 알 수 있을까요?

여러 가지를 통해 알 수 있습니다.

다음의 말씀들을 통해서도 구원받았다는 것을 알 수 있습니다.

첫째, 성경을 통해서(요일 5:13)

나는 하나님의 아들의 이름을 믿는 여러분에게 이 글을 씁니다 그것은, 여러분이 영원한 생명을 가지고 있음을 알게 하려는 것입니다 (새번역)

성경을 읽고 깨달음으로 예수 그리스도가 하나님의 아들이며 믿음으로 의롭다함을 얻고, 영접함으로 구원 얻음을 알 수 있습니다.

둘째, 성령을 통해서(롬 8:16)

바로 그 때에 그 성령이 우리의 영과 함께, 우리가 하나님의 자녀임을 증언하십니다 (새번역)

성령 충만함을 통해서, 성령은 언제나 나와 함께 동행하여 주심으로 느끼고 체험적으로 알 수 있습니다.

셋째, 개인의 경험을 통해서, 각 개인의 특별한 고백을 통해서 내가 구원받은 자녀인 것을 알 수 있습니다

지금 내가 어디에 있습니까, 지금 무엇을 하며 보내고 있습니까?

지금 그 자리가 구원받은 자녀의 자리가 맞습니까?

지금 내 곁에 주님이 함께 계십니까?

"하나님은 은혜가 아니면 지금 내가 이곳에 있을 수 없습니다."

"예수님이 함께하고 계십니다"라고 고백되어진다면 구원받은 자리가 맞습니다.

얼마 전만 해도 하나님과 너무도 멀리, 아주 먼 곳에 있었습니다. 그런데 지금은 주님과 함께 있습니다. 예배가 있고 기도와 찬양이 임하고 있습니다. 그렇다면 구원받은 자의 자리가 맞습니다.

우리가 한 번 얻은 구원은 결코 멸하지 않습니다. 믿음은 구원을 동반하며 구원은 영생을 내포하고 있기 때문입니다.

다음의 말씀을 진지하게 읽어봅시다.

요한복음 3:16

이와 같이 하나님께서는 세상을 사랑하여 독생자를 주셨다 이는 누구든지 그의 아들을 믿는 사람은 멸망하지 않고 영생을 얻게 하려 하심이다 (쉬운성경)

로마서 8:38-39

나는 확신합니다 죽음이나 생명이나, 천사들이나 하늘의 권세자들이나, 현재 일이나 장래 일이나, 어떤 힘이나, 가장 높은 것이나 깊은 것이나, 그 밖의 어떤 피조물이라도 우리를 우리 주 그리스도 예수 안에 있는 하나님의 사랑에서 끊을 수 없습니다 (쉬운성경)

구원받기 위해 갖춰야 할 신앙 태도

우리는 모든 죄 사함을 받았고 주께서 우리를 온전히 구원해 주셨습니다. 그렇습니다. 구원은 이 다음에 받는 것이 아니라 "지금" 이루어지는 것입니다.

다음 〈고린도후서 6장 2절〉 말씀을 보십시오.

하나님께서 이렇게 말씀하셨습니다 "내가 은총을 베풀 때에 너의 말을 들었고, 구원의 날에 너를 도왔다" 보십시오 지금이 하나님께서 은총을 베푸실 때이며, 지금이 구원의 날입니다 (쉬운성경)

다음의 말씀을 찾아 읽고 순종할 때에 구원이 우리의 것이 될 것입니다. 말씀을 꾹꾹 눌러 필사하십시오.

1. 예수 그리스도가 하나님의 아들임을 믿어야 합니다

요한복음 20:31

이 책에 있는 표적들을 기록한 것은 여러분들로 하여금 예수님께서 하나님의 아들 그리스도이심을 믿게 하고, 그분의 이름을 믿음으로써 생명을 얻게 하기 위해서입니다 (쉬운성경)

2. 자신의 죄를 회개하여야 합니다

누가복음 13:3

그렇지 않다 내가 너희에게 말한다 너희도 회개하지 않으면 이와 같이 망할 것이다 (쉬운성경)

3. 그리스도를 하나님의 아들로서 고백해야 합니다

마태복음 10:32-33

누구든지 사람들 앞에서 나를 인정하는 사람은, 나도 하늘에 계신 나의 아버지 앞에서 그를 인정할 것이다 그러나 누구든지 사람들 앞에서 나를 모른다고 하면, 나도 하늘에 계신 나의 아버지 앞에서 그를 모른다고 할 것이다 (쉬운성경)

4. 마지막으로 세례의 명령에 순종해야만 합니다

마가복음 16:16

믿고 세례를 받는 사람은 구원을 받을 것이다. 그러나 믿지 않는 사람은 심판을 받을 것이다 (쉬운성경)

Chapter 4_ 구원 후 주시는 복

구원의 확신을 가진 자의 복은 무엇입니까?

우리가 구원을 받는 것은 구원받을 자격이 있어서가 아니라 우리를 향한 하나님의 일방적인 공의와 특별히 사랑하심의 은혜에 의해 이루어지는 것입니다. 그러므로 구원을 얻고 나서 주시는 복을 누리시기 바랍니다.

구원받은 자에게 주시는 복은 다음과 같습니다.

1. 삶에 자신감과 기쁨 그리고 감사가 있습니다

은혜로 말미암아 구원을 받은 사람은 늘 내적 기쁨과 감사가 넘칩니다. 현재의 삶에 만족하며 불평하지 않으며 문제 앞에서도 당당합니다.

절대로 주눅 들지 않습니다.

요한복음 14:27

내가 너희에게 평안을 남긴다 곧 나의 평안을 너희에게 준다 내가 너희에게 주는 평안은 세상이 주는 것과 같지 않다 너희는 마음에 근심하지도 말고, 두려워하지도 마라 (쉬운성경)

2. 하나님께 나아갈 수 있습니다

죄인은 절대로 하나님 앞으로 나아갈 수 없으나 구원받은 자녀는 언제든지 주님의 보좌 앞으로 나아갈 수 있습니다. 또한 하나님을 '아버지'라고 부를 수 있는 특권을 주십니다. 언제든지 하나님과 직접 교제하며 나눔의 시간을 가질 수 있습니다.

에베소서 3:12

우리는 그리스도를 믿고 의지함으로, 두려움 없이 자유롭게 하나님 앞에 나아갑니다 (쉬운성경)

3. 하나님의 자녀가 됩니다

누구든 하나님을 믿는 자는 하나님의 자녀입니다. 그의 품성은 성령에 의하여 새로워지고 그 품위는 그리스도의 형상을 본받아 고상한 인격을 갖추게 됩니다. 결국 천국 시민권을 소유한 자입니다.

요한복음 1:12-13

그러나 누구든지 그분을 영접하는 사람들, 그분의 이름을 믿는 사람들에게는 하나님의 자녀가 되는 자격을 주셨습니다

좋은 가문에 태어난 사람들만 하나님의 자녀가 되는 것이 아닙니다 또한 어떤 사람들의 계획이나 바람에 의해서, 그리고 그들의 조상으로 말미암아 하나님의 자녀가 된 것도 아닙니다 다만, 그들은 하나님 자신이 그들의 아버지라는 사실 때문에 하나님의 자녀가 된 것입니다 (쉬운성경)

4. 그리스도의 신부입니다

그리스도의 신부인 당신은 신랑 되신 예수님께서 다시 오실 때까지 믿음의 정결과 순결을 지켜나가야 합니다. 깨어서 언제든지 맞이할 준비를 하고 계셔야 합니다. 당신은 그리스도의 신부로서 세상의 추잡함과 시기와 저주와 분쟁과 악행을 멀리하고 단정한 몸가짐을 가져야 합니다. 왜냐하면 우리를 그리스도의 신부로 삼아 주셨기 때문입니다.

디모데전서 2:9

마찬가지로 여자들도 옷을 단정하게 입고, 정숙한 몸가짐과 생각을 하기를 바랍니다 아름답게 보이려고 머리에 요란한 장식을 달거나 보석과 값비싼 옷으로 치장하지 마십시오 (쉬운성경)

5. 우리 몸은 성령의 전입니다

우리 안에는 하나님의 성령이 거하시므로 나의 몸은 하나의 성전입니다. 그러므로 당신은 하나님의 성전인 마음을 더럽혀서는 안 됩니다. 성령은 우리 몸에 거하시는 것이 아니라 마음과 영에 거하십니다. 그러므로 성도는 자신의 마음 속에서 더러운 것들을 다 제거하여야 합니다. 그러므로 마음의 순결을 가져야 합니다. 그래야 주님이 내 안에 거주할 수 있습니다.

고린도전서 3:16-17

여러분은 자신들이 하나님의 성전인 것과 하나님의 성령께서 여러분 안에 계신다는 사실을 알지 못합니까?
누구든지 하나님의 성전을 멸하면, 하나님께서 그 사람을 멸하실 것입니다 그것은 하나님의 성전은 거룩하며, 여러분 자신이 바로 그 성전이기 때문입니다 (쉬운성경)

이지선 자매의 감사

저는 특히 '감사'라는 단어를 생각할 때마다 생각나는 이름이 있습니다. "이지선"이라는 자매입니다. 24살 아름다운 시절 음주운전사가 들이받아 불에 타는 자동차 안에서 빠져나오지 못해 전신화상을 입었습니다. 이 사고로 인하여 그녀의 얼굴은 눈뜨고는 볼 수 없을 정도로 참혹하게 일그러졌습니다.

이지선 자매의 간증에는 큰 감동이 있습니다.

"현실을 받아들일 수가 없어 죽고 싶은 심정이었고 무엇보다 화상을 치료하는 고통스러운 현실을 견딜 수가 없었다"고 솔직하게 말했습니다.

하지만 그녀는 하나님에게서 큰 선물을 받습니다. 그것은 '세상이 알 수도 없는 평강'이었습니다.

다음은 이지선 자매님이 직접 쓴 간증문입니다.

"…그러나 저도 엄마도 이내 눈물을 닦았습니다. 살아 있기 때문입니다. 저를 살리신 하나님이 계시기 때문입니다. 많은 고통을 대가로 치르긴 했지만, 그리고 앞으로도 몇 년간은 더 수술대에 올라야 하지만 그러나 살아있기 때문에 소망이 있습니다.

우리가 고통 가운데에서도 견딜 수 있었던 것은 '소망'과 '평안' 때문이었습니다. 저를 향한 하나님의 특별한 뜻이 있으시며, 지금의 제 모습 그대로를 사랑하시는 하나님께서 이 모습 그대로 기쁘게 저를 사용하시라라는 소망 말입니다. 그 소망이 마음에 평안을 주었습니다."

퇴원 후 이지선 자매님은 이렇게 고백하였습니다.

"무엇보다 더 큰 기적은 제 안에 일어나고 있습니다. 저조차도 이런 제가 이해가 되지 않을 정도의 평안함이 늘 있습니다.

소망 가운데 감사하는 가운데 임했던 '평안', 몸의 편안함과는 비교할 수 없는 그것. 전쟁터 속에 있어도 하나님께서 저와 함께 계신다는 믿음과 거기서 오는 영혼의 평안함, 예전 얼굴을 다시 찾을 수 없을 것이라는 이야기를 들었을 때도, 여덟 개의 손가락을 절단해야 한다는 이야기를 들었을 때에도 제가 요동하지 않을 수 있었던 이유는 바로 그 '평안' 때문이었습니다.

오른손이 왼손보다 더 짧고, 잘 움직이질 않는데, 왜 오른손을 지켜주질 않으셨냐는 원망보다는 왼손이라도 오른손처럼 심하게 다치지 않았으니 감사하는 마음을 주셨습니다.

손가락 여덟 개를 절단하러 들어가는 수술실 앞에서는 두 개의 손가락을 남겨 두심에 감사하는 마음을 주셨습니다.

술 마시고 운전해서 제 차를 들이받고 불타게 한 그 운전사를 미워하거나, 저주하지 않도록 제 마음을 지켜 주셨습니다.

아무리 성품 착한 사람이라고 할지라도 갖기 힘든 마음을 하나님은 제게 선물로 주셨습니다."

구원받은 자의 마음은 늘 감사함으로 가득합니다. 구원받은 확신이 없이는 절대로 이와 같은 상황에서 감사할 수 없는 것입니다. 이것이 구원의 확신을 지닌 자의 마음의 표시입니다.

"주님, 감사합니다."

✝

- 나눔의 즐거움 -

이 장에서 얻은 깨달음과 마음에 은혜가 되었는지, 혹 어떤 변화나 결심을 하였다면 기도할 내용이 있는지, 각자의 생각과 느낌을 작성한 다음 그룹모임에서 함께 나눠봅시다.

_____

_____

_____

_____

_____

_____

_____

_____

_____

시편 50:23
감사로 제사를 드리는 자가 나를 영화롭게 하나니 그의 행위를 옳게 하는 자에게 내가 하나님의 구원을 보이리라

6부

위대한 초대

– 하나님을 움직이는
생떼기도

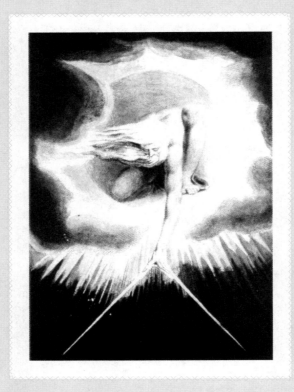

〈태초의 창조주 하나님〉, 윌리엄 블레이크, 1794년, 동판화,
23.3x16.8cm, 대영박물관, 영국

작품 〈태초의 창조주 하나님〉은 성경 다니엘 제7장에 수록되어 있는 내용이다.

19세기 영국의 작가이자 화가 윌리엄 블레이크William Blake, 1757~1827가 좋아하는 성경의 주제 가운데, 창조주 하나님을 매우 특이한 상상력을 발휘해서 그렸다. 근육질 할아버지 모습의 창조주가 바다 한 가운데에서 콤파스를 세워 놓고 '천지 창조' 작업을 하고 있다.

작품에는 생명을 상징하는 붉고 노란 색깔의 불꽃이 사방의 흑암 가운데서 더욱 빛을 발하고 있다. 이것은 생명이 주는 생기, 생령, 에너지를 상징하며, 검은 주위는 세상을 창조하기 전의 창조하시는 창조주의 모습을 묘사하고 있다.

윌리엄 블레이크는 다니엘서에 있는 하나님의 호칭 중 하나인 '태초부터 늘 계시는 분'에서 그 이름을 따왔다. 그의 뻗은 손은 더 어두운 궁창 위에 손을 뻗쳐 창조하실 참이다.

"내가 또 밤 환상 중에 보니 인자 같은 이가 하늘 구름을 타고 와서 옛적부터 항상 계신 이에게 나아가 그 앞으로 인도되매"(단 7:13)

Chapter 1_ 입술의 선포와 고백

하늘의 장막을 뚫는 기도

하늘의 장막을 뚫는 기도는 어떤 기도일까요?

이는 마치 어린아이가 아빠 또는 엄마한테 생떼 쓰듯이 기도하는 것일 수 있습니다.

신앙인들에게 "매일 기도하세요?" 물으면,

"각박한 세상 사느라고 바빠서 시간이 없어서 기도를 못한다"는 사람들이 많이 있습니다.

"그럼 당신은 매일 기도하세요, 어떠합니까?"

기도를 통해서 어떤 문제든 해결할 수 있습니다. 기도는 의무가 아니라 영적 양식입니다. 그러므로 하루의 시작과 끝은 반드시 기도해야 합니다.

하나님께서는 성경 말씀으로 우리에게 말씀하시며(눅 5:16) 우리는 기도로 하나님께 응답해야 합니다. 기도를 통해 우리는 하나님께 우리의 마음을 아뢸 수 있습니다.

그러므로 기도는 서로 사랑하는 하나님과 그리스도인 사이의 대화이며 나눔입니다.

우리가 쉴 곳은 예수 그리스도가 있는 곳입니다. 당신의 죄 짐을 그분 앞에 맡기십시오. 예수님께서 〈마태복음 11장 28절〉 말씀을 주셨습니다.

"수고하고 무거운 짐 진 자들아 다 내게로 오라 내가 너희를 쉬게 하리라"

이런 말이 있습니다.

"마귀는 성경을 많이 읽는 사람을 두려워하지 않는다.

마귀는 선교 활동을 많이 하는 사람을 두려워하지 않는다.

마귀가 두려워하는 것은 기도하는 사람이다."

하나님은 기도하는 사람을 그냥 내버려두지 않으십니다. 결국 들어

쓰셔 승리하게 될 것입니다. 하나님께서 지금도 긴급하게 찾고 있는 사람은 바로 기도하는 사람입니다.

당신이 그 기도하는 사람이 되기를 바랍니다.

그리스도인의 최고 특권은 기도입니다.

기도는 하나님과 대화할 수 있는 강력한 도구입니다. 그러므로 하나님의 자녀는 기도를 통해서 하나님과 밀접한 관계를 유지할 수 있습니다. 깊은 교제는 물론이고 소통할 수 있는 최고의 수단인 것입니다. 그래서 그리스도인의 신실한 입술의 기도는 위력이 있습니다.

주님을 향한 입술의 고백을 절대 과소평가해서는 안 됩니다. 그대로 역사하십니다. 확고한 믿음을 가지고 당당하게 자신의 입술로 선포하고 고백하십시오. 내 뱉어지는 대로 이루어질 것입니다.

사도바울이 주는 〈로마서 10장 10절〉 말씀입니다.

"여러분은 마음으로 믿어 의롭다 함을 얻으며, 입으로 고백하여 구원을 얻습니다" (쉬운성경)

입술의 기도

1. 선포합시다

확신을 갖고, 때론 인도자를 따라 선포해 봅시다.

내가 하나님께 속하였음을 선언하는 것입니다.

- "나는 행복한 사람입니다."
- "나는 건강합니다."
- "나는 하는 일마다 잘 됩니다."
- "나는 구원받은 하나님의 자녀입니다."
- "나는 오늘도 희망이 솟구칩니다."

2. 고백합시다

오늘 하루, 지난 한 주간 어떻게 살았는지, 주님의 은혜가 무엇이었는지, 믿음으로 고백해 봅시다.

- "…주님의 은혜로 살았습니다."
- "…주님이 고쳐주셨습니다."
- "…하는 일마다 잘되어 감사합니다."
- "…예수님은 하나님의 아들이십니다."
- "…난 구원받은 하나님의 자녀입니다."
- "…성령 충만함으로 채워주셨습니다."

3. 대화합시다

기도는 하나님과의 친밀한 대화입니다.

하나님께 순종하겠다는 헌신의 고백입니다.

· "…오늘도 주님이 동행해 주시니 감사합니다."

· "…오 사랑의 하나님, 오늘도 귀한 만남을 허락해 주셨습니다."

· "…당신의 사랑하심에 깊이 감사드립니다."

· "…하나님이 베풀어 주신 은혜에 힘입어 나는 할 수 있습니다."

· "…치유하시어 낫게 하시니 정말 감사합니다."

* 질문학습 * 기도가 무엇인가?

◆ 문: 기도가 무엇인가?

◆ 답: 기도란 우리의 정신과 마음을 들어 하나님께 돌리는 것입니다.
    기도는 하나님과의 신실한 대화이며 나눔입니다. 그리고 하나님께 좋은 것
    들을 구하는 일입니다.

이처럼 기도는 살아계신 하나님과의 생생하고 인격적인 만남이 이루
어지는 대화이며 나눔입니다.

Chapter 2_ 그러므로 이렇게 기도하라

〈천사와 싸우는 야곱〉, 외젠 들라크루아
(1854-1861), 프레스코화, 생 쉬피스 교회

창세기 32:26

그때 그 사람이 말하였다 '날이 새는데 나
를 가게 하라' '당신이 나에게 축복하지 않
으면 내가 당신을 놓아주지 않겠습니다' (현
대인)

그가 이르되 날이 새려하니 나로 가게 하라
야곱이 이르되 당신이 내게 축복하지 아니
하면 가게 하지 아니하겠나이다 (개역개정)

성경 말씀을 보면 야곱의 기도
를 "씨름"이라고 했습니다. 날이

셀 때까지 씨름하듯 길고 힘든 기도였습니다. 야곱은 밤을 세워가며 끈질긴 기도를 합니다. 사생결단의 기도로 결국 하나님께서는 야곱에게 '이스라엘'이라는 새 이름을 주셨습니다. 그 뜻은 '하나님과 겨루어 이겼다'입니다.(창 32:21-32)

하나님과 어떻게 대화할 수 있을까요?

가장 좋은 방법은 기도입니다. 기도는 하나님과 나를 친밀한 사귐을 갖도록 완성시켜 주십니다. 기도를 통해 하나님께 우리의 마음을 아뢸 수 있습니다. 기도는 하나님과 나누는 대화對話입니다.

어린아이가 육신의 부모에게 "엄마, 아빠!"라고 부르는 것처럼 그리스도인들은 하나님을 영적으로 "아바, 아버지"라고 부를 수 있습니다. (롬 8:15) **"아빠!"**

로마서 8:15

여러분이 받은 성령은 여러분을 다시 두려움에 이르게 하는, 노예로 만드는 영이 아니라 여러분을 하나님의 자녀가 되게 하는 영이십니다 그래서 우리는 그 성령을 의지하여 "아바, 아버지"라고 부를 수 있는 것입니다 (쉬운성경)

예수님은 몸소 기도가 무엇인지를 보여주셨습니다. 또 우리가 어떻게 기도해야 할지를 일러주셨습니다. 예수님께서 가르치신 기도는 마태복음 6장과 누가복음 11장에 기록되어 있습니다. 우리의 기도가 하나님께 영광을 돌리고, 하나님의 뜻이 이루어지길 구하는 기도가 되길 간절히 소망합니다.

예수님께서는 언제나 기도하는 분이셨습니다. 큰 사건이 있기 전에 항상 기도하셨고 기도를 하신 후에는 그 능력이 넘쳐났습니다. 여기 예수님의 기도의 말씀이 있습니다. 예수님은 기도하는데 방해가 되지 않은 곳이면 어디든지, 그곳이 광야든, 산이든, 밤이든, 홀로든 늘 하나님께 기도하였습니다.

누가복음 5:16
그러나 예수님께서는 홀로 광야로 가셔서 기도하셨습니다 (쉬운성경)

마태복음 14:23
사람들을 보내신 후, 예수님께서는 기도하러 홀로 산 위에 올라가셨습니다. 그리고 저녁 때까지 그 곳에 혼자 계셨습니다 (쉬운성경)

누가복음 6:12
그 때, 예수님께서 기도하러 산으로 올라가셨습니다 예수님께서 밤을 지새며 하나님께 기도하였습니다 (쉬운성경)

주님의 기도

예수님께서는 기도하는 방법을 묻는 제자들에게 기도의 본이 되는 "주님의 기도"를 가르쳐 주십니다. 그러므로 이렇게 기도하시면 됩니다.

이때 "아버지"라는 말은 "하나님"을 지칭합니다. 그리고 이는 아람어로 "아빠(abba)"라는 것입니다. 이 "아빠"는 본래 어린아이가 아버지를 부르는 호칭입니다. 아버지와 자녀 된 자의 대화가 기도인 것입니다.

그러므로 이렇게 기도하라.

> "하늘에 계신 우리 아버지,
> 아버지의 이름이 거룩하게 여김을 받으소서.
> 아버지의 나라가 이루어지게 하소서.
> 아버지의 뜻이 하늘에서처럼 이 세상에서도 이루어지게 하소서.
> 오늘 우리에게 필요한 양식을 주소서.
> 우리에게 잘못한 사람을 우리가 용서해 준 것처럼
> 우리의 죄를 용서하여 주소서.
> 우리들을 시험에 빠지지 않게 하시고, 악으로부터 구원해 주소서.
> (아버지는 나라와 권세와 영광을 가지고 계십니다. 아멘.)"
>
> – 주님의 기도 (마태복음 6:9-13)

(1) 처음에는 하나님을 '아버지'라고 부르는 것입니다.
즉 어린아이가 아버지를 전폭적으로 신뢰하며 응석을 부리거나,
떼를 쓰거나, 도움을 청할 수 있는 분이 바로 '아빠'입니다.

(2) 하나님의 일을 위해 기도하는 것입니다.
거룩함, 나라, 뜻을 위해 기도합니다.

(3) 이제 사람의 일을 위해 기도합니다.
'양식'이란 우리의 생존에 필요한 모든 것을 말합니다.
필요한 모든 것을 구체적으로 청하는 것입니다. 죄를 용서해 주시
기를 청합니다. 그리고 악에서부터 보호와 도움을 청하는 기도입
니다.

(4) 그리고 마지막엔 예수님의 이름으로 마치면 됩니다.

아멘.

응답받는 기도

어떻게 기도하는 것이 잘하는 기도이며 응답받는 기도일까요?
야곱은 사생결단의 끈질긴 기도로 응답을 받았습니다.(창 32:21-32)
응답받는 기도를 몇 가지만 살펴보면 아래와 같습니다.

첫째, 간절히 구하는 기도

기도는 간절함으로 하나님께 죽기 살기로 끝까지 매달리는 것밖에
없습니다. 기도는 그리스도인의 의무이기 때문입니다.(눅 6:12)

둘째, 끈질기게 매달리는 기도

'귀찮게 구는 과부의 끈질긴 간청을 들어주는 재판관의 비유'는 믿
음에 따르는 인내를 가지고서, 지치지 말고 늘 기도해야 한다는 것을
보여줍니다.(눅 18:1-8)

셋째, 믿음으로 하는 기도

믿음 없이 기도하는 것은 무딘 날을 가진 칼을 사용하는 것과 같습
니다. 기도의 대가들의 공통점은 자신들이 청한 기도의 내용이 이루어
질 것이라는 확고한 믿음을 갖고 기도했다는 데 있었습니다.

넷째, 합심하는 기도

합심기도는 일명 '중보기도'라고 말합니다. 이는 여러 사람이 함께 일치하여 한 마음 한 뜻으로 소리 내어 힘 있게 부르짖는 기도입니다.

다섯째, 성령님의 임재를 위한 기도

기도하는 이 순간 성령님을 모셔드리는 기도입니다. 성령님을 환영하고 내 삶에 주인으로 모셔드리는 것입니다. 지금 이곳에 오셔서 저의 예배와 기도를 받아주시기를 기도합니다.

알아보기 기도에 대한 오해

많은 사람들이 기도를 오해합니다. 기도는 형식이나 의식이 아닌 살아 계신 하나님과 대면하여 나누는 대화입니다. 즉 영혼의 호흡입니다.

- 기도는 대화이지 일방적으로 청구하듯 구하는 것이 아니다.

- 기도는 세상의 종교처럼 신에게 비는 것과는 다르다. (부모와 자녀의 관계)

- 기도는 예배 때만 하는 것이 아니다. (호흡과 같다)

- 기도는 종교적인 말을 의미 없이 되풀이 하는 것이 아니다. (의식이 아니다)

＊질문학습＊ 하나님이 우리의 기도에 응답하시는 이유는 무엇인가?

하나님이 우리의 기도에 응답하시는 이유가 무엇인가요?
아래의 성경 말씀을 찾아 적어봅시다.

◆ 요한복음 1:12

영접하는 자 곧 _____

_____

◆ 요한복음 10:10

도둑이 오는 것은 _____

_____

_____

◆ 시편 91:15

그가 내게 간구하리니 _____

_____

_____

Chapter 3_ 다양한 방법의 기도

영국 BBC 방송이 자국민 100만 명을 대상으로 '영국 역사상 가장 위대한 지도자는 누구인가?'라는 설문조사를 실시했습니다. 결과 1위를 차지한 사람은 셰익스피어를 제치고 바로 윈스턴 처칠이 차지했습니다.

많이 알듯이 처칠의 학창시절 생활은 엉망이었고 싸움만 일삼는 문제아였습니다. 성적도 형편없고 3수 끝에 육군사관학교에 입학했습니다. 문제아였던 처칠은 어떻게 바른 리더십을 갖출 수 있었을까요?

그는 늘 머리를 숙이고 하나님께 도움을 구하는 기도하는 사람이었습니다. 기도는 바로 하나님의 능력이 나타나는 통로이기 때문입니다.

기도는 그리스도인의 신앙생활에서 가장 중요한 믿음생활입니다. 신앙생활의 성패가 기도에 달려 있다고 말해도 지나치지 않습니다. 그래서 기도는 힘이 있고 변화를 가져옵니다.

누구에게 기도할까요?

기도는 삼위三位의 하나님, 예수 그리스도, 성령님께 기도할 수 있습니다.

하나님은 삼위일체(성부聖父, 성자聖子, 성령聖靈) 하나님이십니다. 하나님(본질)이 3인격(위격)으로 존재하신다는 의미입니다. 기도는 연약함을 아는 인간이 하나님의 능력을 의지하여 연약한 것을 다 내어놓고 하나님의 역사役事하심을 구하는 것입니다. 이를테면 부모는 어린아이가 말을 잘하지 못해도 그 아이가 원하는 것을 다 아는 것처럼 구원받은 사람이 기도를 유창하게 하지 못해도 다 알아 들으십니다. 또, 기도를 하다가 실수를 했다고 해서 걱정할 것도 없습니다. 기도는 자신의 질병, 마음 상태, 어려운 문제, 형편, 연약한 것들을 다 하나님 앞에 내어놓고 도움을 청하는 것입니다.

기도에는 여러 유형들로 나눌 수 있습니다. 하나님께 도움을 청하는 기도(청원), 부르짖고 하소연하는 탄원 기도, 회개하면서 용서를 청하는 회개기도, 하나님이 베풀어주신 은혜에 대해서 고마운 마음을 표하는 감사기도, 하나님을 찬양하고 영광을 올려드리는 찬양기도가 있습니다.

고백으로 (요한일서 1:9)

하나님께 우리의 죄를 회개하고 하나님 앞에서 그것을 시인하는 것입니다. 나의 입술로 나의 마음을 고백함으로 기도할 수 있습니다.

감사함으로 (에베소서 5:20)

하나님께서 우리에게 주신 모든 것에 대해서 마음에 들지 않는 일까지도 하나님께 감사하는 것입니다. 또한 이미 주신 것과 주실 것에 감사할 수 있습니다.

증보로 (골로새서 1:9-12)

다른 사람의 상황을 알아서 그들의 필요를 위해서 하나님께 구하는 것입니다. 특별히 중보로 기도하는 것은 힘 있는 능력이 됩니다.

간구로 (마태복음 7:7-8)

우리 자신에게 필요한 것을 하나님께 구하는 것입니다. 아주 끈질기게 간절히 들어주실 것을 믿고 간구하는 기도입니다. 부르짖어 간구하는 기도는 효력이 좋습니다.

회개로 (누가복음 11:1-4)

주님께 드리는 회개기도는 놀라운 은혜가 임합니다.(마 4:17) 생각나는 죄, 알고 지은 죄를 회개하는 것입니다. 회개는 자신이 지은 죄를 용서받기 위해서 공식적으로 드리는 기도입니다. 무엇보다 입술을 열어서 기도하는 것이 좋습니다.(렘 33:3)

곡조가 있는 찬양(찬송) 기도

사람들은 기쁠 때 찬양을 드립니다. 찬양은 곡조가 있는 기도입니다. 하나님은 자신이 지으신 것들을 보시고 기뻐하셨습니다.(창 1장, 시 104:31, 잠 8:30,31) 그리고 천사들을 포함한 모든 피조물들은 찬송으로써 그 기쁨을 표현했습니다.(욥 38:4-7, 계 4:6-11) 사람은 또한 하나님의 지으신 것들을 기뻐하도록 지음 받았습니다.(시 90:14-15) 하나님을 찬송하는 일은 감정이나 기분 또는 주변상황에 의존할 성질의 것이 아닙니다. 하나님 앞에서 기뻐하는 것은 하나님의 백성이 지시받은 일인 것입니다.(신 12:7, 16:11-12) 따라서 그리스도인들은 서로 격려하며 찬송을 게을리하지 말아야 합니다.

구약 성경 〈욥기 1장 21절〉 말씀입니다.

"…여호와의 이름이 찬양을 받으시기 원하노라" (현대인)

찬양으로 (역대상 29:11)

하나님의 성품과 특성 그리고 하나님의 사랑과 능력 또 그분의 위엄을 찬양으로 기도할 수 있습니다. 찬양으로 얼마든지 나의 마음을 올려 드릴 수 있습니다. 영적 교제가 가능합니다.

기도의 시작과 마무리

기도는 다양한 하나님의 속성을 부름으로 시작할 수 있습니다.

시작은 "하나님 아버지"이나, '좋으신 하나님', '사랑의 하나님', '신실하신 하나님', '의에 하나님', '자비하시고 긍휼하신 하나님 아버지', '전지전능하신 우리의 하나님', '살아 역사하시는 하나님', '늘 나와 동행해 주시는 주님', '오 주님' 등으로 다양한 하나님의 속성을 부르면 됩니다.

기도의 내용이 끝나면 "예수님의 이름으로 기도드립니다. 아멘!"으로 끝맺으면 됩니다. 마치 우표를 붙여야 편지가 전달되듯이 말입니다.

그 외의 다양한 영적기도로는 부르짖는 통성기도, '주여' 삼창 기도, 방언기도, 침묵기도, 묵상기도, 통성기도 등도 있습니다.

묵상기도는 침묵 속에서 하나님의 말씀과 뜻을 자신의 삶에 비추어서 새겨듣는 가운데 마음으로 하는 기도입니다.

통성기도는 자유롭게 소리를 내 하나님께 마음껏 드리는 기도입니다.

〈권세 능력〉 악한 사탄 마귀를 이기는 대적기도

"나사렛 예수 그리스도의 이름으로 명하노니,
악한 영(영이나 질병 이름)은 떠나갈 찌어다.

내가 나사렛 예수 그리스도의 이름으로 명하노니,
(이름)을 괴롭히고 고통스럽게 하는
(질병명)들은 (이름)의 몸에서 사라질지어다.

(이름)을 묶고 있는 (병명)는 영원히 떠나갈 지어다!

예수님의 이름으로 기도드립니다. 아멘."

이 시간 나의 신실한 마음으로 함께 기도합시다.
아래의 기도문으로 하나님께 영광을 돌립시다.

....

"신실하신 하나님 아버지,

오늘 이렇게 귀한 말씀을 깨닫게 해주셔서 감사를 드립니다.
내가 하나님을 떠나 살 수 없는 존재라는 것을 분명하게 알게 되었습니다.
내 삶의 행복은 하나님께 강하게 붙어 있는 것임을 분명하게 고백합니다.
어떤 경우에도 주님만을 사랑하고 온전히 하나님을 섬기는 삶이 되게 해주십시오.

항상 믿음 안에 소망을 잃지 않게 하시고, 죄와 싸워 이기는 자가 되게 도와주십시오.
항상 사랑을 실천하며 하나님의 자녀로 아름다운 삶을 살 수 있도록 도와주시기를 간절히 원합니다.

예수님의 이름으로 간절히 기도드립니다. 아멘."

Chapter 4_ 무엇을 위해 기도할 것인가

요한복음 14:13-14

너희가 내 이름으로 무엇이든지 아버지께 구하면 내가 다 이루어 주겠
다 이것은 아버지께서 아들을 통해 영광을 받으시도록 하기 위해서이다
너희가 내 이름으로 무엇이든지 구하면 내가 이루어 주겠다 (현대인)

기도는 우선 기도하는 사람의 태도가 중요합니다. **시시각각으로 기도
해야 합니다.** 다음으로 기도의 **장소**를 잘 택해야 합니다.(눅 5:16) 가급적
이면 규칙적으로 일정한 장소를 정하여 기도하는 것이 좋습니다.

하나님이 나의 기도를 들으신다는 것을 믿고, 정직하고 진실하게 기
도해야 합니다. 나의 마음을 드러내어 말하듯이, 친구와 신실하게 대화
하듯이 기도합니다. 주님의 이름으로 구하고 지속적으로 기도합니다.

우리가 드린 기도가 이루어지면 하나님께서 영광을 받으십니다.

자기 욕심이나 방법대로 구할 것이 아니라 하나님의 뜻과 영광을 위해서 필요한 것을 구해야 합니다. 기도를 하면 하나님의 임재하심과 능력을 경험할 수 있습니다.(시 145:18) 응답의 확신을 가지고 기도하면 풍성한 하나님의 축복을 누리게 됩니다.

그 외에도 감사, 전도, 선교, 영혼구원, 자녀와 가족 그리고 지인을 위해서도, 안전을 위해서도, 환자들을 위해, 나라와 군인들을 위해 기도해야 합니다.

때론 내가 필요한 말씀과 지혜 주시기를 위해, 하나님의 은혜를 받기 위해 기도해야 합니다. 그리고 하나님의 뜻을 행할 힘을 얻기 위해 기도해야 합니다. 악한 사탄 마귀로부터 지켜달라고 영적 기도를 할 수 있습니다.

기도하는 자의 태도

예레미야 33:3
너는 내게 부르짖으라 내가 네게 응답하겠고 네가 알지 못하는 크고
은밀한 일을 네게 보이리라

기도는 하나님과의 영적 소통이며 호흡입니다. 모든 상황 속에서 드
릴 수 있는 영적 대화입니다. 미국의 남북전쟁이 한창일 때 참모들이
링컨 대통령에게 이런 보고를 했습니다.

"각하, 우리 참모들이 하나님께서 우리 편이 되어 달라고 열심히 기
도했습니다. 그러니 힘내십시오."

그러자 대통령은 이렇게 말했습니다.

"하나님께서 우리 편이 되어 달라고 기도하지 마시고 우리가 하나님
편이 되게 해달라고 기도하십시오."

기도를 통해 더욱 하나님 편에 가까이 서는 자가 되어야 하겠습니다.
그리고 기도의 때와 장소는 구별되어야 합니다. 구별된 때와 장소는 더
욱 기도에 집중할 수 있게 합니다.

구별된 기도의 때와 장소

조용한 시간과 장소가 필요합니다 (막 1:35)

예수님은 새벽 일찍 일어나 한적한 곳에 가셔서 기도하셨습니다. 그러므로 새벽이나 조용한 곳이 좋습니다. 교회와 가정도 기도하기에 좋은 장소입니다. 기도하는데 방해받지 않는 곳이면 어디든지 기도할 수 있습니다.

일정한 시간을 정해서 무릎을 꿇는 것이 필요합니다

일정한 시간을 정하여 무릎을 꿇고 하나님께 나아가는 것이 좋습니다. 매일, 매주, 매월 일정한 장소와 시간을 정해 놓고 기도하면 더 은혜가 됩니다. 매 예배마다 기도하고 가정에서 시간을 정해 놓고 기도하면 더 풍성한 복이 임합니다. 일터에서도 기도합니다.

예수님은 생활 자체가 기도였습니다

상황과 형편에 관계없이 어느 곳에서나 기도할 수 있습니다. 하나님은 무소부재無所不在하신 분이므로 장소나 상황에 관계없이 기도할 수 있습니다. 특별히 일대일(1:1)의 기도는 능력이 있습니다. 그러므로 장소나 상황에 구애받지 말고 기도하세요. 일터와 일상에서, 차 안, 거리에서, 직장에서, 부엌에서 등 어디든지 우리의 기도를 들으시는 하나님이십니다.

기도할 때 일어나는 일들은 무엇인가요?
다음 말씀을 찾아 읽고 나눠봅시다.

(1) 기도하면 누가 역사하시는가? 〈누가복음 11장 13절〉

(2) 〈사도행전 10장 1-19절〉에 나타난 기도 응답의 징조는 무엇인가?

(3) 왜 교회는 복음의 집이나 목회하는 집이라 불리지 않고 '기도하는
    집'이라고 불릴까요? 성경 〈마태복음 21장 12-17절〉 말씀을 읽고
    자신의 생각을 적어봅시다.

_____

_____

_____

_____

_____

_____

실천과제 기도 응답 목록 작성하기

요즈음 자신의 기도 제목을 작성하고, 기도 후에 응답 목록을 작성해
봅시다.
기도를 시작한 날과 응답받은 날을 적어보십시오.
하나님께서 어떻게 기도에 응답하셨는지를 확인해 볼 수 있습니다.

[기도의 응답 목록]   년   월   일   요일

번호	기도 제목 (내용)	시작일	기도 응답일
1			
2			
3			
4			
5			
6			

다음의 기도문을 다음 만남까지 완성하여 가져옵니다. 그리고 그대로 기도하면 됩니다. 이제 내 기도문으로 기도합시다.

[나의 기도문 작성하기]

◆ 시작

사랑이 많으신 하나님 아버지 _____

_____

_____

◆ 내용

하나님과의 대화 내용(간청/감사/바람) _____

_____

_____

_____

_____

_____

_____

- ◆ 〈결단〉의 기도

  _____

  _____

  _____

  _____

  _____

  _____

  _____

  _____

- ◆ 끝

  예수님의 이름으로 기도드립니다. 아멘. _____

우리 기도에 응답하시는 분

우리는 기도를 통하여 우리의 필요를 구하며 하나님의 일하심을 누리게 됩니다. 좋으신 하나님은 우리의 기도에 응답하시는 것을 기뻐하십니다.

기도의 용장으로 평생 5만 번 응답받은 죠지 뮬러George muller, 1805-1898는 이러한 기도의 비밀을 누구보다도 잘 알고 누린 사람입니다.

죠지 뮬러는 천오백 명의 고아를 기르면서도 누구에게 돈을 청구한 일이 없다고 합니다. 하루는 운영총무가 점심거리가 없다고 그에게 말하자, "지금 몇 시나 되었소?" 물었습니다. 총무는 "11시입니다"라고 대

답하였습니다. "그러면 12시까지 가서 기다리시오"라는 말을 하고 죠지
뮬러는 곧장 골방에 들어가 어린이들의 점심밥을 보내달라고 기도하였
습니다.

그런데 정말 12시가 되자 어디서인지 빵 수레가 덜커덩거리며 고아원
에 들어오는 소리가 났습니다. 그 빵이 어떻게 고아원에 오게 되었나 알
아보았습니다. 때마침 빵 굽는 집 옆에서 화재가 나서 불이 점화되는 바
람에 빵을 고스란히 꺼내어 어떻게 처리할까 생각하다가 고아원이 떠
올라 가져왔다고 하는 것이었습니다.

그는 일생을 기도만 가지고 수만 번의 응답을 받았습니다.

이처럼 하나님은 우리의 모든 기도에 응답하시는 분이십니다.

우리 역시 죠지 뮬러처럼 응답의 확신을 가지고 기도하여 날마다 풍
성하신 하나님의 축복을 누리기 바랍니다.

✝

- 나눔의 즐거움 -

　이 장에서 얻은 깨달음과 마음에 은혜가 되었는지, 혹 어떤 변화나 결심을 하였다면 기도할 내용이 있는지, 각자의 생각과 느낌을 작성한 다음 그룹모임에서 함께 나눠봅시다.

_____

_____

_____

_____

_____

_____

_____

_____

_____

_____

_____

_____

_____

_____

7부

위대한 초대

-그리스도인의
행실과 헌신

〈베드로와 안드레의 소명〉, 이탈리아 화가 '두초', 1311년, 목판에 템페라,
46x43.5cm, 출처:wikimedia commons

작품의 배경 구성은 크게 육지와 호수, 하늘로 나누어져 있다. 하늘은 푸른색이 아닌 황금색으로 칠해져 있다. 아마도 하나님이 계신 하늘은 찬란하고 영광된 곳이 며, 호수의 녹색은 생명과 희망을 상징하기 때문이다. 육지에 계신 예수님은 하늘을 상징하는 푸른색과 사랑을 상징하는 붉은색의 옷을 입고 계신다. 당연히 물 위의 고 기 배는 구원을 상징한다. 배 위에는 베드로와 안드레가 말씀을 듣고 있다.(막 1:16- 20)

이탈리아 화가 두초 디 부오닌세냐Duccio di Buoningegna, 1260-1319는 시에나 회 화의 아버지이자 다른 이들과 함께 서양 미술의 창시자로서 손꼽힌다. 그는 인생 전 부를 이탈리아 전역에서 정부와 종교 건물들에 많은 중요한 작품들을 제작하도록 고용되었다. 두초는 비잔틴 미술을 발전시킨 뛰어난 서술적 화가였다.

Chapter 1_ 그리스도인의 행실과 헌신

풍성한 삶으로의 초대

우리가 하나님을 알아가는 여정 중에 있지만 구원받은 사실과 서로 하나님의 한 형제라는 것을 인지하고도 삶으로 드러내지 않는다면 사람들이 우리가 예수 그리스도께 속했다는 것을 무엇으로 알 수 있겠는가? 말로만이 아닌 구원받은 사람들로서 교회 안에서만 신앙생활을 하지 말고 교회 밖 모든 영역에서 신앙인답게 살아야 합니다. 그래서 참다운 신앙인이란 예수 그리스도를 나의 구주로 고백하고 삶과 행동으로 드러내는 사람들입니다. 교회 밖에서도 참다운 신앙인답게 사는 것을 의미합니다.

기독교 진리를 몰랐을 때, 이전에 구원받지 못했던 때의 당신의 생활은 어떠하였습니까? 이제 당신은 하나님을 알아가며 예수 그리스도를 초대함으로 구원을 얻었기에 행복한 사람이 되었습니다. 풍성한 삶으로의 생활을 누리시기 바랍니다.

흔히 그리스도인을 나무로 비유하곤 합니다. 그 나무의 열매는 그리스도인의 행실의 결과라 할 수 있습니다. 좋은 나무마다 아름다운 열매를 맺는 것처럼 좋은 그리스도인은 그 믿음의 열매가 아름다운 결과로 나타나게 되는 것입니다.

열매를 보고 그 나무의 특성을 아는 것처럼 그들의 행동을 보고 진짜 예언자인지 가짜 예언자인지 알 수 있습니다. 가시나무에서 포도송이를 따거나 엉겅퀴에서 무화과를 딸 수 있겠느냐고요?

이와 같이 좋은 나무마다 좋은 열매를 맺고 못된 나무는 나쁜 열매를 맺기 마련입니다. 좋은 나무가 나쁜 열매를 맺을 수 없고 나쁜 나무가 좋은 열매를 맺을 수 없습니다. (마 7:16-18 현대인)

빛으로서의 행실

어둔 세상에 빛으로 오신 참 구원자는 오직 예수 그리스도시며 (요 1:9 "그리스도 안에 생명이 있었으니 이 생명은 인류의 빛이었다" 현대인) 그리스도인은 그 빛을 받아 반사하여 세상의 어두움을 비추는 빛이 되어야 합니다. 주님은 우리를 향하여 "너희는 세상의 빛이라…"고 하셨는데, 이 빛의 근원은 누구이십니까? 참 빛으로 오신 메시아이십니다. (요 1:4 "세상에 와서 모든 사람을 비추는 참 빛이 있었다" 현대인)

그럼 빛의 열매란 무엇을 말합니까?
그 답을 사도바울은 〈에베소서 5장 9절〉에서 다음과 같이 말씀하고 있습니다.

에베소서 5:9

빛의 열매는 모든 착함과 의로움과 진실함에 있느니라 (개역개정)	빛의 생활은 선하고 의롭고 진실하게 사는 것입니다 (현대인)

그리고 바울이 쓴 〈로마서 13장 12-14절〉 말씀을 읽어보십시오. 빛의 갑옷을 입은 그리스도인이 하지 말아야 할 행실들이 무엇인지 알려주고 있습니다. 그 말씀에서 3개 이상 적어보십시오.

로마서 13:12-14

밤이 거의 지나고 낮이 가까왔으니 이제는 악한 생활을 버리고 믿음으로 빛된 생활을 하십시오

낮의 빛 가운데 사는 사람들처럼 단정하게 행동해야 합니다 흥청망청 먹고 마시며 술 취하지 말고 음란과 방탕과 싸움과 시기하는 일을 버리십시오

주 예수 그리스도로 옷 입고 정욕을 위해 육신의 일을 추구하지 마십시오 (현대인)

＊실천과제＊ 신앙인다운 빛의 갑옷을 입자 (3가지 적기)

(1) _____

(2) _____

(3) _____

Chapter 2_ 소금과 향기로서의 행실

소금으로서의 행실

소금은 자신이 녹아서 없어질 때 맛의 가치를 드러냅니다. 이처럼 그리스도인들이 세상 속에 들어가 봉사하고 섬기고자 할 때 그리스도인의 행실이 드러납니다. 역할을 다하기 위해서 완전히 녹아 없어져야 합니다. 마치 소금의 역할이 자신의 형태가 완전히 없어져야만 맛을 내고 썩지 않게 하는 것처럼 말입니다.

예수님은 〈마태복음 5장 13절〉에서 "너희는 세상의 소금이다 소금이 짠맛을 잃으면, 무엇으로 짠맛을 내겠느냐?"라고 말하고 있습니다. 또 소금을 두고 화목하라고 하셨는데, 이 소금은 누구를 말합니까?(막

9:50, 고후 5:18) 다음 말씀을 읽고 나눠봅시다.

골로새서 4:6

말할 때도 친절하고 분별력이 넘치도록 힘써야 합니다 그러면 어느 누구에게든지 적절한 대답을 할 수 있을 것입니다 (쉬운성경)

마가복음 9:50

소금은 좋은 것이로되 만일 소금이 그 맛을 잃으면 무엇으로 이를 짜게 하리요 너희 속에 소금을 두고 서로 화목하라 하시니라 (개역개정)

고린도후서 5:18

모든 것이 하나님께로서 났으며 그가 그리스도로 말미암아 우리를 자기와 화목하게 하시고 또 우리에게 화목하게 하는 직분을 주셨으니 (개역개정)

＊질문학습＊ 소금의 역할이 무엇인가?

소금의 역할은 어떤 것이며 무엇을 하는지 다음 성구를 찾아 맞는 말을 네모 칸 속에 넣으십시오.

◆ 골로새서 4장 6절
   "…소금으로 □□□과 같이 하라…"

향기로서의 행실

다음 〈요한복음 12장 2-3절〉 말씀을 보면, 마리아가 지극히 비싼
향유 나드 한 근을 가져다가 예수님의 발에 쏟아 부었습니다. 향유 냄
새가 집에 가득 했습니다.

"거기에서 예수를 위하여 잔치를 베풀었는데, 마르다는 시중을 들고 있
었고, 나사로는 예수와 함께 음식을 먹고 있는 사람 가운데 끼어 있었다
그 때에 마리아가 매우 값진 순 나드 향유 한 근을 가져다가 예수의 발에
붓고, 자기 머리털로 그 발을 닦았다 온 집 안에 향유 냄새가 가득 찼다" (요
12:2-3)

예수님은 "저가 내게 좋은 일을 하였느니라"고 하시면서 "온 천하에
어디서든지 이 복음이 전파되는 곳에서는 이 여자의 행한 일도 말하
여 저를 기념하리라"고 하였습니다. 마리아가 향유 냄새로 집안을 가
득 채운 것처럼 우리 성도는 향기와 같은 아름다운 행실로 세상을 가

득 채워야 하겠습니다.(고후 2:14-16)

내가 머무는 곳에는 언제나 그리스도인의 향기를 낼 수 있어야 합니다. 그 사람이 참된 그리스도인입니다.

성도의 신실한 교제

성도의 신실한 교제를 통해 다른 교우들의 삶이 얼마나 신실한지 알게 됩니다. 교회 안팎에서 말씀대로 살려고 애쓰는 모습을 보며 신선한 도전을 받습니다. 자기도 모르게 믿음이 성숙해집니다. 때로 힘든 문제에 성도와의 대화를 통해 성경적인 해답을 찾습니다.

평소 성도의 거룩한 교제는 삶을 따뜻하게 해줄 뿐만 아니라 믿음의 깊이를 더해 줍니다. 그리스도인이 주일 예배 외에도 다양한 사람들과 함께 모여 교제할 수 있음은 크나큰 은총입니다.

그리스도인이라면 예수 그리스도와의 인격적 교제뿐 아니라 주변 사람들과의 교제도 필수입니다. 예수 그리스도는 구원받은 사람들에게도 필요하시기 때문입니다. 이는 주님께서 주시는 은총입니다.

지금 당신이 머문 그 자리에(교회, 가정, 직장, 일터 등) 그리고 만남의 자리에서 그리스도인의 향기로운 행실을 내고 있는가요? 만약 그렇지 못하다면 그 장애물은 무엇입니까? 우리는 건강한 자존감을 가질 때 다른 사람과 사랑의 관계를 가질 수 있습니다.(마 7:12)

Chapter 3 _ 헌신의 동기와 결심

그리스 철학자 아리스토텔레스는 "용기 있는 자가 되고 싶으냐? 그러면 용기 있는 자처럼 행동하라"고 말하였습니다. 이제 우리의 평소 생활을 활기찬 믿음대로 행동하십시오. 그 삶을 주님께 드리십시오.

잠깐 〈로마서 14장 8절〉과 〈빌립보서 1장 20절〉 말씀을 읽고 우리가 어떻게 살아야 하겠는지를 생각해보고자 합니다. 헌신의 동기는 먼저 예수 그리스도의 희생을 통한 나를 구원해 주심에 대한 보답이기도 합니다.

로마서 14:8

살아도 주님을 위하여 살고, 죽어도 주님을 위하여 죽습니다 그러므로 우리는 살든지 죽든지 주님의 것입니다 (공동번역)

빌립보서 1:20

…살든지 죽든지, 그리스도를 높이기 원합니다 (쉬운성경)

우리의 평소 생활을 먼저 하나님께 바치는 것을 통해 헌신의 생활을 시작하십시오. 사실상 자신의 삶을 먼저 하나님께 바치지 않고, 교회의 봉사와 물질을 바치는 행위는 짐이 되고 부담일 수밖에 없습니다.

먼저 나의 일상을 주님께 거룩한 산 제물로 드리십시오.

자신을 드려서 주께 봉사하는 것은 하나님께서 가장 기뻐하시는 일입니다. 그러므로 물질이 없어서 하나님께 헌신의 생활을 할 수 없다고 핑계를 삼기보다는 가장 값지고 아름다운 자신의 믿음을 다하여 정성껏 헌신하십시오. 하나님은 물질보다 그 사람의 중심과 헌신을 더 기쁘게 받으십니다.(마 22:37)

봉사를 부끄러워해서는 안 됩니다. 곧 결심하고 상의할 만 한 분을 만나셔서 당신의 심정을 밝히고 마음으로 다짐한 사실을 하나님께 약속하십시오. 그리고 당신은 그 일을 꼭 실천하여야 합니다.

나는 하나님의 자비하심을 힘입어 여러분에게 권합니다. 여러분의 몸을 하나님께서 기뻐하실 거룩한 산 제물로 드리십시오. 이것이 여러분이 드릴 합당한 예배입니다.(롬 12:1)

봉사가 주는 유익은?

'봉사'란 '섬긴다'는 의미로서 무엇을 바라지 않고 순수하게 일한 것은 하나님이 갚아 주시는데, 가득 채워 주십니다. 또 봉사는 몸으로, 물질로도 할 수 있습니다. 하나님은 주는 자에게 넘치도록 갚아 주신다고 하셨습니다. 봉사는 받은 사람의 복보다 행하는 사람의 복이 더욱 큽니다.

누가복음 6:38

주라 그리하면 너희에게 줄 것이니 곧 후히 되어 누르고 흔들어 넘치도록 하여 너희에게 안겨 주리라 너희가 헤아리는 그 헤아림으로 너희도 헤아림을 도로 받을 것이니라

주어라, 그러면 너희에게도 주어질 것이다 되를 누르고 흔들어 넘치도록 재어서 너희의 품에 안겨 주실 것이다 너희가 남에게 줄 때에 잰 분량만큼 너희가 도로 받을 것이다 (쉬운성경)

요즈음 그리스도인답게 살려고 하나 무엇이 그리스도인의 행실과 헌신을 가로막고 있습니까? 나의 신앙생활을 방해하는 요인들 몇 가지를 생각해보고, 그 외에 또 어떤 것들이 있는지 나누어 보십시오.

[나눔의 주제들]

– 돈(딤전 6:10)	– 교만(롬 11:20)
– 명예(요 11:20)	– 남편이나 가족
– 직장생활	– 성공(출세)
– 음란패설, 욕	– 지나친 인터넷 사용
– 담배, 술	– 스마트폰, 영상 중독
– 마약	– 지나친 운동
– 가정을 돌보지 않음	– 잘못된 직업
– 세속적 삶 등	– 주식과 코인
– 게임	– 게으름
– 분노(화)	–우울함

Chapter 4_ 믿음의 봉사생활

베드로전서 4:11

말씀을 전하는 사람은 하나님의 말씀을 전하는 것처럼 하고 봉사하는 사람은 하나님이 주시는 힘으로 하는 것처럼 하십시오 그러면 모든 일에 예수 그리스도를 통해 하나님이 영광을 받으실 것입니다 그분에게 영광과 능력이 길이길이 함께 하기를 바랍니다 아멘 (현대인)

새 옷을 입은 그리스도인이 하나님을 증거하고 하나님나라를 선포하는 방법에는, 첫째 언어생활을 통해서 알리는 방법이 있습니다. 두 번째는 평소 일상생활로 알리는 방법입니다. 그리고 삶이 힘들고 생활이 어려운 사람을 돕는 것입니다. 특히 이 일은 사랑이 없으면 감당할 수 없는 일입니다. 예수님 사랑이 풍부할수록 쉽게 봉사할 수 있습니다. 그러므로 봉사생활이란 예수 그리스도의 사랑을 실천하는 것입니다.

예수님은 우리를 위하여 하나밖에 없는 목숨을 내어주셨습니다. 때로는 예수님처럼 나의 가장 소중한 것까지 봉사를 위해서 아끼지 말아야 할 것입니다. 봉사의 의미를 크게 3가지로 나누어 생각해 볼 수 있습니다.(요일 3:16)

1. 섬기는 것

봉사란 일만 하는 것을 의미하지 않으며 상대방을 잘 살피고 섬기는 것을 의미합니다. 오직 열심을 다해, 한 마음으로 최고로 받드는 것입니다. 사도바울은 〈로마서 12장 11절〉 말씀으로 가르치고 있습니다.

"부지런하여 게으르지 말고 열심을 품고 주를 섬기라"

2. 대가代償 없이 하는 것

봉사는 무엇을 바라고 하는 것이 아닙니다. 조건 없이 기쁜 맘으로 하는 것입니다. 자원하여 봉사할 때 더욱 빛이 나게 될 것입니다.

다음 〈로마서 15장 27절〉 말씀을 읽어 보십시오.

"그들은 기쁜 마음으로 헌금을 했습니다만 사실은 예루살렘 성도들에게 빚진 사람들입니다 이방인들이 유대인들의 영적인 축복을 나눠 가졌다면 마땅히 물질로 그들을 도와야 합니다" (현대인)

3. 상대방을 기쁘게 하는 것

봉사는 상대방을 기쁘게 하는 것입니다. 봉사하면서 투정을 부리거나 고집을 피우거나 얼굴을 찌푸리며 행해서는 안 됩니다. 또 자기 의견만 내세운다면 그것을 봉사가 아닙니다. 전적으로 기쁨으로 해야 합니다.

다음 〈시편 100편 2절〉 말씀을 읽어봅시다.

"기쁨으로 여호와를 섬기며 노래하면서 그의 앞에 나아갈지어다"

봉사를 어떻게 해야 하는가?

마태복음 20:28

인자가 온 것은 섬김을 받으려 함이 아니라 도리어 섬기려 하고 자기 목숨을 많은 사람의 대속물로 주려 함이니라

봉사는 누구나 할 수 있으며, 진심어린 섬김의 마음을 갖고 꾸준히 지속적으로 하면 됩니다. 지금도 우리 주변에서는 우리의 봉사를 기다리고 있습니다. 봉사는 하나님이 주신 특별한 선물입니다.(마 20:28) 하나님의 뜻을 따라 섬기는 것이요, 말씀을 이루는 것입니다.(시 103:21)

봉사를 왜 해야 합니까?

하나님의 명령이기 때문입니다. 그래서 봉사는 하나님을 섬기는 사

람만 할 수 있습니다. 섬김(봉사)의 원천은 하나님이시기 때문입니다. 하나님의 이름으로 봉사하시기 바랍니다.(벧전 4:11)

봉사는 대가를 바라지 않고 행하기 때문에, 자신을 나타내기 위함으로 행해서는 안 됩니다. 그래서 봉사할 때는 내 힘으로 하는 것이 아니라 하나님이 주시는 성령 충만함으로 해야 합니다. 그래야 하나님께 영광을 돌리기 때문입니다.

그러므로 봉사는 성의가 없거나 소홀히 해서는 안 됩니다. 청지기 마음으로 하는 것입니다.(벧전 4:10) 희생정신으로 해야 합니다.(빌 2:17)

＊실천과제＊ 성경 말씀 찾아 읽고 적기

◆ 베드로전서 4:10-11

_____

_____

◆ 마태복음 20:28

_____

_____

◆ 시편 103:21

_____

_____

봉사의 자세

베드로전서 4:10

각각 은사를 받은 대로 하나님의 여러 가지 은혜를 맡은 선한 청지기 같이 서로 봉사하라

봉사란 청지기 마음으로 행함으로 성의가 없거나 소홀히 해서는 안 됩니다. 오직 청지기 마음으로 하나님께서 나에게 직무로서 맡겨 주셨다는 믿음으로 행해야 됩니다.

균형 있는 그리스도인의 신앙생활을 정삼각형으로 표현할 수 있습니다. 정점에 위치하는 것은 말씀이어야 하고 아래에는 균형 있는 봉사와 친교가 있어야 합니다. 이를 성도의 건강한 교제라고 말합니다.

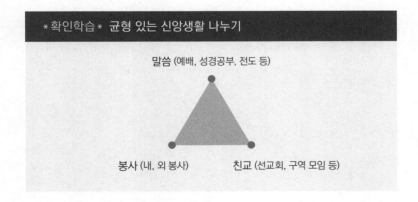

＊확인학습＊ 균형 있는 신앙생활 나누기

말씀 (예배, 성경공부, 전도 등)

봉사 (내, 외 봉사)　　　친교 (선교회, 구역 모임 등)

진짜 믿음

1859년 뉴욕 타임스에 놀라운 광고가 실렸습니다. 찰스 블로딘Charles Blondin, 1829~ 1897이라는 한 유명한 프랑스 출신 곡예사의 이야기입니다. 그는 이미 각종 서커스 공연을 통해 전무후무한 곡예사로 알려져 있었습니다. 1859년 뜻밖의 한 도전장을 내놓게 되었는데, 그것은 바로 나이아가라 폭포에서 1,100피트 길이(약 335미터), 그리고 50미터의 높이의 외줄을 건너겠다는 도전이었습니다.

사람들은 그의 성공을 의심했지만 그해 6월 30일, 블로딘은 결국 멋지게 그 도전에 성공했습니다. 그 이후에도 눈을 가리거나, 또는 무거운 짐을 진 채 나이아가라 폭포 외줄타기에 도전해 모두 성공했습니다. 그의 인기가 절정에 이르렀을 때, 그는 또 다른 도전장을 선언했습니다. 그는 많은 사람들에게 이렇게 말했습니다.

　"이번에는 한 사람을 내 어깨에 태우고 건너려고 합니다. 여러분은 제가 성공할 수 있다고 믿으십니까?"

　나이아가라 폭포에 모여든 수많은 관중들은 일제히 "믿습니다!"라고 외쳤습니다.

　그러자 그는 다시 한 번 관중을 향해 물었습니다.

　"그러면 누가 제 등 위에 올라타겠습니까?"

　잠시 후 나이아가라 폭포 주변은 침묵만이 흘렀습니다. 환호하던 군중들 중 막상 그의 등에 업혀 그 도전을 함께 해보겠노라는 이는 없었습니다. 그러나 이 때 그의 등에 올라타겠다는 자원자가 나타났습니다. 그 사람은 바로 블로딘의 매니저 해리 콜코드Harry Colcord였습니다.

　결국 그 둘은 그 색다른 도전에 멋지게 성공했습니다. 콜코드를 등에 업고 나이아가라 폭포 위의 외줄을 건너는 블로딘의 사진은 오늘날 많은 이들에게 감명을 줍니다.

✝

- 나눔의 즐거움 -

이 장에서 얻은 깨달음과 마음에 은혜가 되었는지, 혹 어떤 변화나 결심을 하였다면 기도할 내용이 있는지, 각자의 생각과 느낌을 작성한 다음 그룹모임에서 함께 나눠봅시다.

.8부

위대한 초대

– 구원받은
참된 크리스천의 실천장

〈안짱다리 소년Le Pied-bot〉, 주세페 데 리베라, 1642년, 캔버스에 유채,
164x94cm, 루브르박물관, 파리

스페인 사실주의 화가 '주세페 데 리베라'Jusepe de Rivera 1591-1652는 1591년 2월 17일 세례를 받았다. 그의 아버지는 구두를 만드는 사람이었고 리베라의 부모는 아들이 학자쪽으로 성공했으면 했다. 그러나 리베라는 발렌시아의 화가 프란치스코 리발타에게 견습을 받았다. 리베라는 젊을 때 이탈리아로 건너가 줄곧 대도시 나폴리에서 활약했다. 리베라는 카라바조의 영향을 크게 받아 극단적인 명암법과 초상화에서 사실적인 표현을 했다.

이 그림은 병에 걸린 거지 아이를 나타내고 있고 배경은 특색 있는 푸른 하늘로 분위기로 달리했다. 손목과 발이 뒤틀린 소년이 목발을 어깨에 걸치고서 우리를 향해 환한 웃음을 보여준다.

거지 아이는 발이 오무라지는 만곡족Clubfoot으로 고통을 받고 있다. 곤봉발의 어린 거지가 오른쪽 팔 아래에 일종의 가방을 들고 왼쪽 어깨에 막대기를 들고 있는 모습이다. 그는 또한 왼손에 다음과 같은 라틴어 문구가 적힌 종이를 한 장을 들고 있다.

"하나님의 사랑을 위해 저를 도와주세요."

Chapter 1_ 하나님께 드리는 삶

하나님의 몸인 교회는 은혜받은 백성의 무리입니다. 교회는 예수 그리스도의 보혈에 의해서 세워졌고 말씀의 약속이 현존하는 곳(마16:18)입니다. 더불어 교회는 예수 그리스도가 하나님의 아들이고, 메시아임을 고백하는 신앙 위에 세워졌습니다.

그러므로 우리는 하나님의 은혜에 감사하며 세상 모든 것이 하나님의 것임을 인정하고 고백해야 합니다. 그리고 하나님이 우리에게 주신 풍성함을 다른 사람과 나누는 삶을 통해 우리를 축복해 주십니다. 특별히 주일성수와 십일조를 드리는 것은 하나님의 축복을 받는 그리스도인의 삶입니다. 이는 신앙의 가장 기본적인 자세입니다. 세상의 모든 만물이 하나님의 것이고 우리는 청지기 일뿐입니다. (사 44:24 "나는 만물을 지은 여호와라")

주일성수의 축복

악한 마귀 사탄은 우리가 사는 세상사를 복잡하고 혼란한 문화와 질병, 기후재앙 등 세상 문명을 도구로 삼아 사람들이 하나님을 멀리 하고 신앙생활을 못하도록 마구마구 흔들고 있습니다. 온전한 주일성 수를 구별하지 못하도록 훼방하고 있답니다.

그러므로 신앙인들은 구별된 주일성수를 하루하루 설레며 기다려야 합니다. 사실 인간은 하나님으로부터 영적 충천이 되지 않으면 하루도 살아갈 수 없는 존재로 창조되었습니다. 그래서 먼저 영혼이 잘되어야, 그다음에는 범사가 잘되고, 더 나아가 내 몸도 건강해지게 되어 있습 니다. (요삼 1:2 "네 영혼이 잘됨 같이 네가 범사에 잘되고")

〈창세기 2장 3절〉 말씀을 함께 읽겠습니다.
"하나님은 창조하시던 일을 마친 다음에 일곱째 날에 쉬시고 이 날을 축복하여 거룩하게 하셨다" (현대인)

주일성수는 하나님을 향한 신앙생활의 가장 기본적인 태도이며 축 복을 받는 기초가 됩니다. 그래서 주일성수는 하나님께서 하는 일마다 잘 되는 축복을 주십니다.

사랑하는 여러분, 이제부터 구별된 주일성수하기로 작정하시겠습니 까? 주일성수는 가장 기본적인 성도의 신앙생활입니다. 주일성수의 헌신은 하나님이 가장 기뻐 받으십니다.

다음의 말씀을 찾아 읽고 적어봅시다.

[말씀 읽기] 이사야 58:13-14

여호와께서 말씀하신다 '만일 너희가 내 안식일을 거룩하고 소중한 날로 여겨 여행이나 사업을 하지 않고 오락이나 잡담을 하지 않으면 너희는 내 안에서 즐거움을 찾을 것이다 내가 너희를 세상의 그 어느 민족보다도 높이고 내가 너희 조상 야곱에게 준 땅을 향유하도록 하겠다 이것은 나 여호와의 말이다' (현대인)

나의 거룩한 날에 돈벌이하느라고 안식일을 짓밟지 마라 안식일은 '기쁜 날' 야훼께 바친 날은 '귀한 날'이라 불러라 그 날을 존중하여 여행도 하지 말고 돈벌이도 말고 상담 같은 것도 하지 마라
그리하면 너는 야훼 앞에서 기쁨을 누리리라. 내가 너를 이끌어 산등성이를 타고 개선하게 하며 너의 조상 야곱의 유산을 먹고 살게 하리라" 야훼께서 친히 하신 말씀이시다 (공동번역)

"If you keep your feet from breaking the Sabbath and from doing as you please on my holy day, if you call the Sabbath a delight and the LORD's holy day honorable, and if you honor it by not going your own way and not doing as you please or speaking idle words,
then you will find your joy in the LORD, and I will cause you to ride on the heights of the land and to feast on the inheritance of your father Jacob" The mouth of the LORD has spoken (NIV)

[말씀 적기] 로마서 12:1

형제들아 내가 하나님의 모든 자비하심으로 너희를 권하노니 너희 몸을 하나님이 기뻐하시는 거룩한 산 제물로 드리라 이는 너희가 드릴 영적 예배니라 (개역개정)

형제자매 여러분, 그러므로 나는 하나님의 자비하심을 힘입어 여러분에게 권합니다 여러분의 몸을 하나님께서 기뻐하실 거룩한 산 제물로 드리십시오 이것이 여러분이 드릴 합당한 예배입니다 (새번역)

[말씀 적기] 출애굽기 20:8

안식일을 기억하여 거룩하게 지키라 (개역개정)

안식일을 기억하여 그 날을 거룩하게 지켜라 (새번역)

[말씀 적기] 히브리서 10:25

어떤 사람들의 습관처럼, 우리는 모이기를 그만하지 말고, 서로 격려하여 그 날이 가까워 오는 것을 볼수록, 더욱 힘써 모입시다 (새번역)

어떤 사람들의 습관과 같이 모이기를 중단하지 말고 서로 격려하여 주님이 오실 날이 가까울수록 더욱 모이는 일에 힘씁시다 (현대인)

어떤 사람들이 하는 것처럼 교회의 모임에 빠져서는 안 됩니다 그 날이 가까이 다가오는 것을 볼수록 함께 만나며 서로를 격려해야 할 것입니다 (쉬운성경)

온전한 십일조 축복

우리는 모두 빈손으로 태어났습니다. 그래서 죽은 사람을 향해 말하기를 "수의壽衣에는 주머니가 없다". 즉 죽으면 이 세상의 어떤 것도 가져갈 수 없다는 의미입니다.

신앙생활은 은혜로 하는 것입니다. 받은 은혜가 얼마나 큰 것인지를 깨닫기에 감사함으로 예배도 드리고 헌신도 하고 예물도 드리는 것입니다. 구약 성경에서 최초로 아브라함이 십일조를 바친 이후(창 14:20), 야곱도 벧엘에서 십일조를 드리겠다고 맹세하였습니다.(창 28:20-22) 말라기 선지자는 이스라엘이 패망하는 이유가 십일조를 바치지 않았기 때문이라고 지적하였습니다.(말 3:7-9)

사랑하는 여러분, 십일조는 하나님이 우리에게 주시는 축복의 통로입니다. 온전한 십일조의 축복을 누리시기를 바랍니다. 십일조는 해도 되고 안 해도 되는 선택이 아니라 하나님의 명령이자 신앙인의 가장 기본 의무입니다. 이제 온전한 십일조를 드리기를 권합니다.

창세기 28:22

내가 기념비로 세운 이 돌은 하나님의 집이 될 것입니다 그리고 하나님께서 나에게 주신 모든 것에서 내가 반드시 십일조를 드리겠습니다

(현대인)

십일조로 하는 신앙고백

말라기 3:10

만군의 여호와가 이르노라 너희의 온전한 십일조를 창고에 들여 나의 집에 양식이 있게 하고 그것으로 나를 시험하여 내가 하늘 문을 열고 너희에게 복을 쌓을 곳이 없도록 붓지 아니하나 보라

〈레위기 27장 30절〉 말씀에 "그 땅의 십분의 일 곧 그 땅의 곡식이나 나무의 열매는 그 십분의 일은 여호와의 것이니 여호와의 성물이라"고 하였습니다. 십일조는 하나님의 것이니 하나님께 드리는 것이 마땅한 것입니다. 온전한 십일조는 하나님의 축복을 받는 명백한 사실입니다. 하나님께서는 자신의 것을 드리는 그들을 다시 축복하십니다.

십일조는 나의 모든 소득과 소유가 하나님이 주셨음을 인정하는 신앙고백의 행위입니다. 또한 내 삶의 주인이신 하나님을 인정하는 결단이기도 합니다.

- 창세기 28:22
- 신명기 12:6-7
- 말라기 3:8-10
- 누가복음 11:42, 18:12

- 민수기 18:21-28
- 느헤미야 10:37-38
- 마태복음 23:23

다함께 결단하여 기도합시다.

"오 주님!

이제 온전한 십일조를 주님께 드려, 차고 넘치는 복을 받겠습니다.

야곱은 주신 것에 십분의 일을 반드시 드리겠다고 서원하고는,

당대의 거부가 되었음을 믿습니다.(창 28:22)

사랑의 하나님.

온전한 십일조를 드릴 수 있는 마음을 주시니 감사합니다.

드릴 수 있도록 물질을 주시니 감사합니다.

솔로몬의 복을 주시옵소서.

예수님의 이름으로 기도하였습니다. 아멘."

Chapter 2 _ 크리스천의 생활 탐구하기

축복과 위로를 위한 예배들

영국의 존 스토트 목사님은 참되고 진정한 예배를 이렇게 정의했습니다. "인간이 하나님의 은혜로 경험할 수 있는 가장 고상하고 가장 고귀한 활동이다."

사람이 태어나서 죽을 때까지를 '일생'이라고 합니다. 그 일생 동안 경축해야 할 일과 슬픔을 함께해야 할 일, 그리고 여러 사고사건들이 생깁니다. 이를 테면 출생, 백일, 돌, 생일, 회갑, 진갑, 팔순, 금혼식, 입주, 개업, 확장, 기공, 이민, 기일, 성년, 결혼, 입학, 졸업, 이사, 진급, 합격, 장례, 사고, 병환, 이별 등 감사하고 축하해야 할 일들과 힘들고 어려운 일들, 이별로 위로를 받아야 할 상황도 많습니다.

이 모든 것은 하나님이 주관하시는 감사, 축복, 위로를 위한 예배입니다.

이때마다 생명의 근원이신 하나님께 감사하며 위로해 주시기를 기도합니다. 더 가치 있는 삶을 위해서 함께 모여 그 순간을 기념하고 축복하는 예배를 드립니다. 그러므로 하루하루 일생에서 일어나는 모든 일들을 먼저 시간과 장소를 구별해서 기도를 드립니다.

시편 95:6

오라 우리가 굽혀 경배하며 우리를 지으신 여호와 앞에 무릎을 꿇자

신앙인들 중에서 예배의 종류를 잘 몰라서 특별한 예배를 드리지 못하는 경우가 많습니다. 목사님들은 설교만 하시는 분이 아니라 영적 상담과 선교, 전도와 가르치는 일, 그리고 축복과 사역을 하시는 분이십니다. **특별히 일생의 갖가지 예배를 통해 축복과 위로의 은혜를 주십니다.**

일상에서 목사님을 초대하시어 축복과 위로를 받는 예배를 드리십시오.

교인이 알아야 할 것들

바른 교회생활과 신앙생활을 유지하기 위해 교인들이 알아야 할 것들과 행동해야 할 태도가 있습니다. 특별히 교회, 가정, 직장에서 참된 크리스천의 생활을 어떻게 해야 할지를 살펴보고자 합니다.

그런데 바른 교회생활이라는 말은 교회 안에서만이 아니라 곧바로 **교회 밖에서도 바른 언품(言品)적 생활**을 의미합니다. 교회 안팎에서의 행실이 일치하지 않는다면 아직 내가 신앙생활을 바르게 실천하지 못하고 있다는 것입니다.

참된 크리스천은 교회를 벗어나 일상생활에서의 삶을 보면 바로 알 수 있습니다. 늘 반듯하고 바른 생활을 하고 있다면 그는 분명 크리스천이 맞습니다. 사실 24시간 언제든지 나의 가정과 일터를 보여줄 수 있는 열린 삶이 되어야 합니다.

그리스도인의 바른생활 태도

그리스도인은 일상생활에서 구별된 삶을 드러내야 합니다. 언제나 신앙인답게 바른 태도를 취해야 합니다. 밝고 환한 미소로 사람들에게 다가가 인사하고 친절과 배려가 자신의 성품이 되어야 합니다.

다음은 그리스도인의 바른 생활태도들입니다.

· 늘 밝고 환한 미소로 바른 인사성을 갖고 생활한다.

· 언제든 친절과 배려 등 섬김의 태도를 취한다.

· 식사 전 감사 식사 기도를 한다.

· 하루 시작과 마침은 기도를 한다.

· 새로운 장소나 만남에 있어 먼저 축복하고 기도한다.

· 교제와 대화에서 경청의 자세로 고운 말을 사용한다.

· 자녀에게 축복기도를 해준다.

· 예배 시 복장은 단정한 옷을 입는다.

· 오락, 술과 담배 등을 멀리 한다.

· 성경을 읽고 기도생활을 유지한다.

· 점이나 굿을 보는 것을 금한다.

또한, 이단 사이비 종교에 참석하지 않아야 합니다.

· 이단 예배나 전통 샤머니즘 의식에 참여하지 않는다.

· 이단 사이비 전도자와 논쟁하지 않는다.

· 사이비 종교에 참석하지 않는다.

· 이단 사이비 종교의 성경공부 모임이나 세미나에 참석하지 않는다.

· 포교활동으로 거리나 방문 시 피하고 본다.

기독교 교리와 다른 이단 현황

이름	관련 인물	주요 특징
IYF (국제청소년연합)	박옥수	영어말하기, 해외지원봉사, 뮤지컬, 음악회, 문화선교 (관련단체: 굿뉴스코, 기쁜소식선교회 등)
신천지 (예수교증거장막성전)	이만희	선교단체, 동아리, 성경공부, 설문 심리조사 (관련단체: 천지일보, 피해인권연대, IWPG, UNPO 등)
하나님의 교회 세계복음선교협회	장길자 김주철	대학교 내 활동 (관련단체: 엘로힘아카데미, 새 새명복지회, 멜기세덱출판사, 대자연 등)
통일교 세계평화통일가정연합	한학자 문형진 문훈숙	문선명 메시아 주장 (관련단체: 월드카프, 민통 선자원봉사 등)
JMS 기독교복음선교회	정명석 정조은	동아리활동, 산악회, 응원단, 댄스, 무술 등
여호와증인	찰스 데즈 러셀	삼위일체 교리 부정
몰몬교 예수 그리스도후기 성도교회	요셉 스미스 주니어	외국인 2명이 짝지어 영여 교습

* 그 외에도 기독교 교리와 다른 이단 종파들이 많이 있습니다.

* 출처: 현대종교(hdjongkyo.co.kr), 도서출판 현대종교 〈이단 바로알기〉

Chapter 3_ 신앙인이 알아야 할 사항들

교인의 금지사항

다음의 사항은 교인이 자제하거나 금지해야 할 항목들입니다. 의도나 시작은 좋은 목적으로 할 수 있지만 문제가 생기면 공동체는 분열이 일어날 수도 있습니다. 항상 신중히 결정해야 하며 필요시 목사님과 먼저 상담하는 것이 좋습니다.

이 사항은 필자의 개인적인 견해에 따른 것입니다. 따라서 모두 금기시되어야 한다는 것은 아닙니다.

- 교인간의 돈 거래 및 투자, 공동 창업은 신중히 한다.

- 사이비 및 이단 집회에 참석하지 않는다.

- 신비주의나 이단 사람과 종교적 깊은 교제를 나누지 않는다.

- 악의 목적을 가진 다단계 및 투자는 삼가한다.

- 음주, 도박 등 향락을 즐기지 않는다.

- 교인들 간의 비난, 흉, 비교, 욕 등을 금한다.

- 교인의 헌금 내역을 타인에게 말하지 않는다.

- 확인되지 않은 남녀의 개인적인 만남을 말하지 않는다.

- 교회의 재정, 목회자의 자질, 교인의 영적인 문제 등은 거론하지 않는다.

필수확인 먼저 목사님에게 알리기

교회의 크고 작은 모든 활동은 먼저 목사님께 보고 후 실행해야 합니다. 특히 교회생활에서 보고되지 않은 성경공부 모임이나 집회는 보고 후에 실행합니다. 교회의 재정 또한 목사님에게 보고 후 지출합니다. 그리고 교회의 직원이나 사역자 채용 시, 다양한 부설기관을 설립 시 목사님과 협의 후 결정합니다. 교인의 신상이나 이력 등을 누설하지 않아야 합니다.

예배의 종류와 시간

예배는 하나님의 자녀들의 기본적인 영적태도입니다. 예배는 정규예배와 특별예배가 있습니다. 예배의 종류와 시간은 이렇습니다.

- 새벽 기도회 (5시, 6시)
- 수요 예배- 낮 예배, 저녁 예배
- 금요 철야기도회 - 밤 8시, 9시
- 주일 오전 1부, 2부, 3부
- 주일 저녁예배 - 오후 2시, 저녁 7시
- 특별집회 (부흥회)

- 교육 세미나
- 가정예배 (소그룹)
- 직장인예배 (신우회)
- 성경공부 모임
- 구역 (목장, 셀) 모임 등등
- 전도 집회

목사님 가정 섬기기

목사님은 하나님의 일을 하는 성직자로서 기본적인 생활을 할 수 있도록 돌봐주어야 합니다. 교회와 성도가 여러모로 살피고 경제와 복지 등 재정적으로 어려움을 겪지 않도록 도와야 합니다. 영적 사역을 하는 목사님이 좋은 환경에서 목양과 선교를 하도록 도와야 합니다.

· 목사님은 영적 성직자이다.
· 목사님의 사역에 협력한다.

- 목사님을 존경하고 귀히 여겨야한다.(딤전 5:17)

- 목사님과 항상 화목해야 한다.(살전 5:12-13)

- 목사님에게 좋은 것을 나눈다.(갈 6:6)

- 목사님을 비판, 조롱, 불평, 원망하지 않는다.(출 16:8)

- 목사님 가정을 위해 기도한다.

- 목사님을 영적으로 따른다.(딤전 1:2)

- 교회가 목사님의 생활과 퇴임 후 복지를 위해 준비한다.

교회 부설기관

교회는 다양한 부설기관을 통해 선교하며 그리스도의 사랑을 전하는 공동체입니다. 또한 지역사회와 함께 문화를 교류할 수 있습니다. 그리하여 다양한 방법으로 복음과 그리스도의 사랑을 전해야 합니다.

알아보기 다양한 부설기관

노인보호기관, 학교, 어린이집, 선교원, 복지시설, 도서관, 카페, 문화센터, 신학교, 서적출판, 청소년상담소, 미혼모센터, 평생교육연구소, 체육선교회, 쉼터, 기타 교회 직영기관, 공부방, 신문사 등

교회 운영 시 필요한 요건들

· 교회 차량, 사택, 교회 간판, 전도용품, 교회 건축, 성전 물품(악기, 방송, 의자,
  냉난방), 사무기기, 전도용 책자, 자동차, 카페, 공간 등

기독교, 불교, 유교의 차이

기독교는 하나님의 진리에 따르며 하나님의 백성들이 창조주 하나
님께 예배드리는 것입니다. 반면 불교나 유교는 문화적 의식인 것이 큰
차이입니다.

구분	기독교	불교	유교
대상	창조주 하나님 (삼위일체)	석가모니	조상의 영혼
목적	하나님께 영광, 구원	복 받기	복 받기
방법	예배, 기도, 말씀	예불	제사

기독교의 여러 정통 교파 알기

기독교는 기본적으로 삼위일체 하나님을 믿고 예수님을 구주로 믿습니다. 다만 교회를 이끄는 방식, 예배 의식, 목회 제도, 교단의 교리, 말씀의 강조점 등이 다른 것입니다.

감리교회	요한 웨슬레를 그 시초로 하며 인간의 자유의지를 강조하고 감독이 교회를 주관하는 교회입니다. 성령 충만을 의지합니다.
장로교회	하나님의 절대 주권을 강조하는 칼빈주의 신앙으로 웨스터 민스터 헌법을 기본으로 하고 있습니다. (예정설)
성결교회	교리 중에서 중생, 성결, 신유, 재림의 4가지를 특히 강조하고 있습니다.
침례교회	신자가 입교할 때 침수에 의한 침례를 받는 것에 강조점을 두고 있습니다. (회중 중심)
순복음 교회	성령의 강력한 역사와 체험을 강조하며, 뜨겁게 기도하는 믿음으로 신앙생활을 합니다.
기타 교회	독립교회나 군소 교회로서 복음을 전합니다.

십계명의 구조

출애굽기 20:1-17

1	온전히 하나님만 섬기라.	6	살인하지 말라.
2	우상을 섬기지 말라.	7	간음하지 말라.
3	나의 이름을 영화롭게 하라.	8	도적질하지 말라.
4	안식일을 기억하며 거룩히 지키라.	9	거짓 증거하지 말라.
5	네 부모를 공경하라.	10	탐내지 말라.

점검하기 신앙생활 문답

그리스도인은 다음의 〈신앙생활 문답〉에 답할 수 있어야 합니다.
또, 영적 신앙생활을 유지하며 하나님께 헌신하며 살아가야 합니다.

- ◆ 세례문답과 세례를 받으시겠습니까? (예) ☐
- ◆ 주기도문과 사도신경을 외우십니까? (예) ☐
- ◆ 주일성수를 지키겠습니까? (예) ☐
- ◆ 교회 봉사를 하시겠습니까? (예) ☐
- ◆ 이 교회의 주인은 하나님입니까? (예) ☐

Chapter 4_ 신앙 간증문 작성하기

간증문 작성하는 방법

- 구원받기 전의 자신의 모습과 생활을 적으십시오.

- 구원으로 인도한 사건을 적으십시오.

- 구원받은 날의 기분, 느낌, 경험, 구원의 말씀 등을 나누십시오.

- 구원받은 후에 오늘까지 경험한 은혜를 적으십시오.

＊실천과제＊ 간증문 작성해보기

[간증문]　　　　　　　　　　성명:　　　　　직분:

신앙 시작한 때		믿게 된 동기	

[간 증]

◆ 믿기 전 자신의 영적생활

_____

_____

_____

- ◆ 믿음으로 얻은 경험: 은혜, 감동, 응답 등

- ◆ 앞으로의 각오와 결심

교회생활 용어해설

아멘은 "믿다, 소원입니다"의 뜻으로 예배 시 기도나 송영 끝에 사용하며 다른 사람의 말을 시인, 확인하는 데 사용했습니다. 즉, "아멘"은 히브리어로서 "동의하다, 지지하다, 신뢰하다, 믿다"라는 뜻을 담고 있습니다. 아멘은 "예, 그렇게 믿습니다"입니다.

중생은 "거듭난다, 새로 지음 받은 사람이다"란 뜻으로 하나님을 떠나 죄 중에 있던 사람이 그리스도를 통해 나타난 하나님의 은혜로 영적인 새 사람, 즉 하나님의 자녀가 된다는 말입니다.

주기도문은 예수님께서 가르쳐 주신 기도의 표준입니다. 이 기도문은 〈마태복음 6:5-15〉에 있는 말씀으로 예수님께서 기도에 대해 강론하실 때 "너희는 기도할 때에 이렇게 하라"고 하시면서 가르쳐 주신 기도의 표준입니다.

사도신경은 예수님께서 승천하신 후에 초대교회 사도들이 성도들에게 구원의 확신을 심어주고 믿음을 확고히 하기 위해, 삼위일체 하나님의 사역을 예수 그리스도의 구원사역을 중심으로 간결하게 요약해서 정리한 내용입니다.

성령 충만이란 삼위일체 하나님이신 성령님께서 우리와 함께하시고 온전히 거하시고 다스리시는 것을 뜻합니다.

주님의 만찬(성만찬)은 세상에서 가장 위대한 기념물은 바로 주님의 만찬입니다. 그것이 가장 위대한 이유는 복되신 우리의 주님께서 우리의 죄를 위하여 죽으신 사건을 기념하는 것이기 때문입니다. 여기서 떡은 주님의 몸을 상징하고, 포도주는 그리스도의 피를 상징합니다. 초대 교회에서는 매주 이 주님의 만찬을 기념하였습니다.

＊확인학습＊ 교회란 무엇인가?

'교회'란 말의 어원은 헬라어 **"에클레시아"**로서 **"불러냄을 받은 무리들"**이라는 뜻입니다. 그러므로 교회 공동체란 예수 그리스도를 개인의 구세주로 영접하여 구원을 받은 하나님의 백성들이 함께 모여서 예배드리는 곳입니다.
성경에서 교회와 관련된 성경 말씀은 아래와 같습니다.

◆ 에베소서 1:23

_____

_____

- ◆ 골로새서 1:18

  _____

  _____

- ◆ 고린도전서 12:27

  _____

  _____

확인학습 교회의 사명 5가지

값진 희생의 값으로 얻은 교회가 해야 하는 사명 5가지를 나열해 보십시오.

(1) 말씀을 배우고 가르치고 예배하는 일

(2) 기도하는 일

(3) 구제와 봉사하는 일

(4) 사랑의 교제하는 일

(5) 전도하는 일

성 어거스틴

서기 354년 로마제국 멸망의 틈바구니 속에서 기독교 신앙 관련 거장 중의 한 사람이 북아프리카의 조그만 한 지방에서 태어났습니다. 그의 이름은 '어거스틴Augustine'입니다.

비록 젊었을 때 '어거스틴'에게는 교회가 그다지 큰 인상을 주지 못한 듯하지만, 그 시대의 교회에서 교육을 받았습니다. 그의 어머니는 그리스도인이었고 아버지는 로마 귀족이었습니다. '어거스틴'은 10대 후반에 오늘날 20세기의 많은 학생들처럼 철학에 관심을 가졌고, 그 영향으로 교회로부터 멀어졌습니다.

그의 마음은 인생의 여러 가지 의문에 해답을 찾고 있었습니다. 처음에 그는 '마니교'라고 불리는 이방종교에서 평안을 찾았다고 생각했습니다. 그러나 곧 의문과 번민에 사로잡혔습니다. 그는 방황하며 의문을 가졌고 그의 불안한 마음은 여전히 쉴 곳을 찾았습니다.

자서전 〈참회록Confessions〉에서 '어거스틴'은 이 큰 혼란과 불안했던 기간을 이야기합니다. 그는 그 시대의 악과 부패에 동참했음을 지적합니다. 수 년간 그는 부도덕한 생활을 했습니다. 그리고나서 387년, 아주 갑자기 '어거스틴'은 하나님의 아들인 예수 그리스도를 통해 하나님에 대한 믿음을 갖게 됩니다. '어거스틴'의 추구하던 마음이, 모든 연령의 인간의 불안한 마음을 만족시켜온 하나의 해답을 발견한 것입니다.

오늘날 많은 사람이 '어거스틴'의 인생과 비슷한, 교회의 그늘에서 태어나고 기독교 분위기에서 교육받고 대학시절에 의심과 회의의 기간에 봉착하는 생활을 합니다. 그러나 21세기에도, 불안해하며 추구하려고 애쓰는 인간의 마음은 예수 그리스도에 대한 믿음을 통해서 평안을 찾을 수 있습니다.

'어거스틴'은 죄의 구렁텅이에 빠지기도 했지만, 하나님의 은총이 어떠한 것보다 더 크다는 사실을 발견했습니다. '어거스틴'의 기독교 신앙에 대한 접근은 인간의 마음은 완전히 죄악으로 인해 부패했다는 그의 주장으로 시작했는데, 그의 그 말을 "하나님의 방법 대신에 우리 자신의 방법을 선택함"이라고 정의했습니다.

그는 인간은 완전하게 창조되었으나 에덴 동산에서 하나님을 거역하고 타락의 늪으로 떨어졌다고 믿었습니다. 모든 인간은 죄를 범했고, 하나님의 기준에 도달하지 못했다고 믿었습니다. 인간의 마음에 하나님의 가치에 합당한 것은 없으며 구세주의 가치에 합당하는 지점까지 달려가기 위하여 우리가 할 수 있는 일은 아무것도 없다고 말했습니다.

'어거스틴'은 오직 하나님의 은총에 의해서만 영생을 발견할 수 있다고 주장했습니다. 그의 말은 옳았습니다. 왜냐하면, 사도바울이 다음과 같이 말했기 때문입니다.

"너희는 그 은혜에 의하여 믿음으로 말미암아 구원을 받았으니 이것은 너희에게서 난 것이 아니요 하나님이 선물이라. 행위에서 난 것이 아니니 이는 누구든지 자랑하지 못하게 함이라"(엡 2:8-9)

'어거스틴'의 생애는 추구하고 불안해하고 의심하는 오늘날의 수많은 사람들의 생애와 별로 다를 것이 없었습니다. 〈참회록〉에서 '어거스틴'은 다음과 같이 썼습니다.

"오 하나님, 당신은 당신을 위해서 우리를 만드셨습니다.

그리고 우리의 마음은 당신 안에서 쉴 곳을 찾을 때까지 쉬지 못합니다."

'어거스틴'의 생활과 비교해 볼 때 당신은 어디에 있습니까?

당신은 아직도 찾고 계십니까?

당신도 '어거스틴'과 마찬가지로 해답은, 죄 가운데나 느슨한 생활이나 철학 속에 있는 것이 아니라 예수 그리스도와의 개인적 관계에 있다는 것을 발견할 수 있습니다.

✝

- 나눔의 즐거움 -

이 장에서 얻은 깨달음과 마음에 은혜가 되었는지, 혹 어떤 변화나 결심을 하였다면 기도할 내용이 있는지, 각자의 생각과 느낌을 작성한 다음 그룹모임에서 함께 나눠봅시다.

_____

_____

_____

_____

_____

_____

_____

_____

_____

_____

_____

_____

_____

_____

위대한 초대

– 성도와 교회

교회 성도의 자격과 의무

　세상의 모임에도 그 조직에 합당한 규칙과 의무사항이 있습니다. 그러므로 누구나 가볍게 교회 공동체의 성도가 될 수는 없습니다. 단지 교회에 출석한다는 것만으로 교회의 소속 성도가 되는 것은 아닙니다. 본 교회 성도가 될 수 있는 기본적인 자격과 의무는 다음과 같습니다. 물론 교회등록과 교인자격은 국가 실정법에 따른 것이 아닙니다. 또 각 교회의 기준과 형편에 따라서 다를 수 있습니다. 가볍게 만들어 보았습니다.

　〈성도의 자격〉

　(1) 거듭난 자, 즉 구원받은 자야 합니다.(마 16:16)

　(2) 세례 학습교육을 받고 세례를 받아야 합니다.(마 28:19)

　(3) 예수 그리스도를 나의 구주로 시인해야 합니다.(롬 10:10)

　(4) 소속감을 갖고 교회의 일에 적극적으로 참여해야 합니다.

　(5) 영적생활과 주일성수와 교인의 의무를 이행해야 합니다.

　(6) 감사헌금과 십일조 생활을 해야 합니다.

　(7) 기도생활을 할 수 있어야 합니다.

　교회 성도가 된다는 것은 하나님의 자녀로서 큰 명예요 자랑입니다. 그러므로 교회 성도로서의 의무를 성실히 수행함으로 얻어지는 것이므로 성도들은 각자가 교인의 의무에 충실하여야 합니다.

〈성도의 의무〉

(1) 교회의 정규 집회에 열심히 출석하여야 합니다.

(2) 기독교(교회) 신앙생활 규범을 준수하여야 합니다.

(3) 교회 행사에 적극 협조하여야 합니다.

(4) 헌금생활과 기도 생활을 할 수 있어야 합니다.

(5) 세운 성직자(목사)를 섬길 수 있어야 합니다.

(6) 성도는 신앙과 생활의 본이 되어야 합니다.

(7) 성도들과 건강한 교제를 해야 합니다.

이와 같은 성도의 자격과 의무를 지키므로 신앙인답게 살아가는 것이며, 이것이 신앙인의 자랑입니다.

우리는 이 성숙한 신앙교육을 마치고 내가 성도의 자격과 의무를 지키는 것이 얼마나 자랑스러운지를 깨닫게 될 것입니다.

교회의 직분

에베소서 4:11-12
그가 어떤 사람은 사도로, 어떤 사람은 선지자로, 어떤 사람은 복음 전
하는 자로, 어떤 사람은 목사와 교사로 삼으셨으니, 이는 성도를 온전
하게 하여 봉사의 일을 하게 하며 그리스도의 몸을 세우려 하심이라

일반적으로 교회에서 사용되는 직분은 아래와 같습니다.

교회는 세상과 구분된 공동체로서 반드시 직분의 이름을 부릅니다.
이 직분은 하나님이 주시는 하늘나라 자녀의 직분입니다. 또한 영원한
것이기도 합니다. 교회의 직분자는 교회 구성원(세례교인)들의 투표로
선출이 됩니다.

〈성도〉

예수 그리스도를 영접한 사람들을 지칭하는 것입니다. 아직 직분을
받지 않은 성도를 말하는 것입니다. 모든 믿는 자를 총칭하여 '성도'라
부릅니다.

성도란 하나님 안에서 거룩하게 구별된 사람을 지칭하는 말입니다.

〈형제, 자매〉

직분에 관계없이 예수 그리스도를 주님으로 영접한 공동체 지체들을 부를 때 사용합니다. 특히 청년들에게 붙여서 사용합니다. 형제, 자매란 낮고 높음이 없으며 한 가족의 구성원을 뜻합니다.

〈집사〉

집사는 신앙이 돈독하고 입교인 된지 2-3년 이상 된 이로서 당회에서 택함을 받아야 합니다(교회, 교단마다 차이가 있음). 집사는 기능에 따라 선교, 교육, 사회봉사, 재무, 관리부, 교사, 기타 교회의 직무를 분담 받아 봉사합니다. 그리고 반드시 세례교인이어야 합니다. 집사는 봉사와 헌신을 위한 직분입니다.

〈권사〉

집사의 직무와 함께 권사는 신앙이 돈독하며, 기도회를 인도하며, 다른 사람들을 권면하기에 은혜와 능력이 있는 이로서, 모범이 되어야 하며, 당회에서 택함을 받아야 합니다. 교회의 각 부서의 리더가 되어 인도합니다. 집사의 직분을 받고 3-5년 이상 출석한 교인이어야 합니다. (교리와 장정, 교회법, 교단법에 준수, 교회, 교단마다 차이가 있음)

〈장로〉

장로는 교회 담임 목사님을 도와서 교회에서 모든 임원들의 활동을 지도하는 평신도 지도자입니다. 70세 정년 은퇴할 때까지 계속 그 직분을 가집니다(교회, 교단마다 차이가 있음). 장로는 교회의 재정유지에 힘써야 하며, 교역자가 부재시에는 위촉된 범위 내에서 교역자를 대리할 수 있습니다. 그리고 평신도 최고의 본이 되는 직분입니다.

〈전도사〉

교회의 전도분야를 담당하는 심방 전도사, 교육을 담당하는 교육 전도사, 선교원 전도사, 특수 사역을 담당하는 전도사로서 담임자의 목회를 돕는 자입니다(찬양, 음악, 행정, 복지 등 전도사 있음). 훈련기간이 지나면 이동하거나 독립적으로 사역을 하기도 합니다. 흔히 신학생들을 전도사로 부릅니다.

〈목사〉

목사pastor는 교회의 영적 지도자로서 하나님의 말씀을 선포하며, 축복권을 가지며, 성례(세례, 성만찬)를 집례 할 수 있습니다. 특별히 예배마다 교인들을 안수하며 환자를 위해 치유기도를 합니다. 교회 운영에 중요한 사항을 결정하고, 직분자들을 세우는 일을 합니다. 그 역할로는 담임목사, 협력목사, 부목사, 교육목사, 찬양목사, 행정목사, 특수목사, 선교사 등으로 구분할 수 있습니다. 목사는 교회의 질서를 위한 기준이 됩니다.

〈선교사〉

선교사는 국내외에서 복음을 전하고 하나님나라 확장을 위해 사역하는 자입니다. 목사에 준하는 자격을 갖춘 사람이 선교사가 됩니다. 근본적으로 예수 그리스도의 메시지를 증거하고 선포합니다.

＊알림

교단별 기독교 진리와 교회법에 대한 파악이 미급하여 구체적으로 설명해 드리지 못한 점과 표현의 오류는 모두 저자의 실수입니다. 확인되는 대로 수정하도록 하겠습니다.

하나님의
위대한
초대

2022년 11월 30일 초판 1쇄 발행

지 은 이 정병태
이 메 일 jbt6921@hanmail.net
디 자 인 소도구
펴 낸 곳 한덤북스
교정교열 박제언

신고번호 제2009-6호
등록주소 서울시 영등포구 문래동 164, 2동 3803호(문래동3가, 영등포SK리더스뷰)
팩 스 (02) 862-2102

ISBN 979-11-85156-50-7 (03230)
정 가 13,800원